너는 나를 믿니

너는 나를 믿니

Do you belive in me?

다빈(David) 양 지음

여호와는 나의 목자시니
내가 부족함이 없으리로다
[시편 23:1]

좋은땅

사랑하는 아들아

언제까지 그 옷을 입고 허덕이며 있을래?

내가 너의 하나님이다.

너는 나를 믿니?

진짜 나를 믿고 있는 거니?

3. 믿음

4. 신광야로 초대하시다

5. 각자의 영적 흐름

6. 새로운 믿음의 여정

7. 순종

1.

찾아오심

'나는 포도나무요 너희는 가지라 그가 내 안에, 내가 그 안에 거하면 사람이 열매를 많이 맺나니 나를 떠나서는 너희가 아무것도 할 수 없음이라' (요한복음 15:5)

어느 날 아침 회사에 출근하여 보니 예쁜 찻잔이 내 책상 위에 놓여 있었는데 찻잔에 이 성경 말씀이 쓰여 있었다. 나는 초등학교 4학년 때부터 교회를 다녔지만 어느 순간 세상으로 깊숙이 들어와 있었고 나는 교회와 멀어져 세상에 충만한 채로 어느덧 37세가 되어 있었다. 나는 찻잔에 새겨진 성경 말씀을 한참 멍하니 바라보며 수없이 읽고 또 읽었다.

그래, 가지가 나무를 떠나서는 절대로 열매를 맺을 수 없지. 그렇다면 나의 나무는 무엇이고 내 진정한 나무는 어디 있는가? 공부, 대학, 자격증, 좋은 직장, 승진, 돈, 명예, 권력, 온통 세상의 필요를 위해 달려온 나의 삶은 너무 지치고 힘든 삶의 연속이었다. 하루하루 반복되는 일상 속에 내 몸과 영혼은 매일 죽어 가고 있었다. 내 삶의 진정한 가치는 무엇일까? 나 자신에게 반복되는 질문 속에 그렇게 하루하루 흘러가던 어느 날 3년 이상 연락이 없었던 한 선배에게 연락이 왔다. 나는 오랫동안 연락이 없었던 선배의 안부가 궁금했고 많이 보고 싶었는데 그 선배를 오랜만에 만난다니 설렘과 기대가 있었다.

'사랑하지 아니하는 자는 하나님을 알지 못하나니 이는
하나님은 사랑이심이라' (요한일서 4:8)

1) 하나님이 너를 사랑하신다

나는 선배와 약속한 날에 선배를 보는 순간 너무 당황스럽고 충격적이었다. 그 선배는 사업도 크게 하셨고 인격적으로도 매우 따뜻한 선배였으며 세상적으로도 부러울 게 없었던 선배를 난 늘 마음속으로 존경하고 있었기에 초라해 보이는 선배의 모습을 보고 나는 많이 실망했다. 허름한 점퍼와 오래된 바지를 입고 있는 선배에게 왜 이렇게 힘들어졌는지 질문을 하였는데 당시 나는 선배로부터 이해 할 수 없는 답변을 듣게 되었다. 선배가 말하길 내가 기도하는 중에 네가 생각이 났고 하나님이 너를 정말 많이 사랑하신다는 답변이었다. 나는 그 말을 듣는 순간 가슴이 무너져 내리는 듯한 느낌이 들었지만 그러나 내 입술에서는 하나님이 왜 나를 사랑하느냐고 선배에게 말하였고 나에게 그런 말 하지 말라고 단호하게 거절을 했다. 나는 선배에게 3년 이상 만나지 못했던 그 기간 동안 선배가 살아온 삶을 듣게 되었다. 선배는 세상의 모든 것을 다 버리고 아내와 4명의 자녀가 주님만 바라보고 주님만 의지하고 주님이 공급하심만을 받으며 살아가기로 작정하고 성경의 말씀대로 하루하루를 살아가고 있었다는 것이었다. 선배의 수많은 간증을 들었고 나는 선배가 미쳤고 그런게 어디 있느냐며 제발 정신 차리라고 화를 내고 선배와 헤어졌다.

그 선배는 2주 후 또 연락이 왔고 우린 다시 만났다. 선배는 나에게 하나님의 말씀을 전하며 하나님이 너를 너무 사랑하신다고 말하였고 하나님이 선배와 선배의 가정에 어떻게 행하셨는지 신앙간증을 계속 전하였다. 그러면서 나에게 꼭 교회에 나가라고 전도를 했다. 나는 선배와 헤어지고 집에 돌아와 '내가 언제 교회를 다녔지? 하나님이 누구이시지? 하나님이 왜 나를 사랑하시지? 하나님은 왜 선배를 나에게 보내면서까지 당신이 나를 사랑하신다고 할까?' 스스로 질문을 하게 되었다. 세상 사람들 중에는 단 한 명도 나를 진심으로 사랑하는 사람이 없는 것 같은 현실에서 내가 한 번도 만나 보지 못한 하나님은 왜 나를 사랑한다고 하는 걸까?

내가 교회를 왜 가야 하는 걸까? 어릴 적 다녔던 교회의 모습은 할아버지, 할머니, 어른들이 다니던 곳, 예배당 입구에 냄새 나는 신발이 잔뜩 쌓여 있던 곳, 미친 사람들처럼 큰 소리로 악보도 없는 노래를 열심히 노래하고 소리내어 기도하던 그런 곳이었는데 하나님은 나를 왜 교회로 부르실까, 왜 나를 사랑하신다고 할까 생각하며 하루하루를 보내던 중에 그 선배가 또 연락을 했고 우리 다시 만났다. 선배는 또다시 하나님이 너를 너무 사랑하신다고 전하며 교회에 나갈 것을 강권하였다.

당시 나는 전혀 생각하지 못한 대답을 선배에게 하게 되었다. 선배 내가 아는 교회도 없는데 어느 교회에 나가느냐고 말을 하였는데 선배는 기회이다 싶었는지 주일 날 아침에 집을 나와 주변을 한번 돌아보면 동서남북에 십자가가 많이 보일 거라고, 십자가를 보고 마음에서 가라는 곳으로 가면 된다고 했다. 선배는 나에게 너무 쉬운 방법으로 안내해 주었다. 만약 선배가 다니는 교회로 오라고 했다면 거부감이 있었을 텐데 전혀 부담되지 않는 방향을 제시해 주었다. 선배와 약속한 그 주일에는 회사에 급한 일정이 있어 출근하였기에 교회에 나가지 못하였는데 선배는 나에게 연락이 와 교회에 잘 다녀왔는지 물어보았다. 나는 선배에게 다음 주일에는 교회에 꼭 나가겠다고 약속을 하였다.

'수고하고 무거운 짐 진 자들아 다 내게로 오라 내가 너희를 쉬게 하리라' (마태복음 11:28)

너는 나를 믿니

2) 예비된 하나님과의 첫 만남

나는 주일 날 아침 집을 나와 동서남북으로 돌아보았다. 십자가가 이렇게 많은 줄 몰랐다. 집 주변에 교회가 이렇게 많이 있었는데 왜 보이지 않았을까? 너무 많은 십자가에 놀랐고 마음이 이끄는 교회를 향해 발걸음을 옮겼다. 찾아간 교회 문 앞에 들어서는 순간 찬송이 들리기 시작했는데 순간 눈물이 핑 돌았고 내 마음은 녹아내렸다. 이 상황은 무엇일까, 내가 왜 여기서 울고 있는 걸까. 처음 찾아온 이곳에서 나는 펑펑 흘러내리는 눈물을 어떻게 할 수 가 없었고 이런 내 모습이 너무 창피했지만 참을 수가 없었다. 주일 날에 선포된 목사님의 말씀은 '수고하고 무거운 짐 진 자들아 다 내게로 오라 내가 너희를 쉬게 하리라'(마태복음 11:28)이었다.

누군가 내가 이 교회에 오는 것을 미리 말해 놓아 그동안 하루하루 삶이 너무 힘들었고 지쳐 있던 나에 대해 알려준 것처럼 모두 나에 대한 이야기였다. 나는 너무 이상했다.

나는 마음껏 눈물을 흘린 후 '그래, 내가 지금까지 세상을 살면서 참으로 무거운 짐을 지고 살고 있었구나. 내 어깨가 너무도 아

프고 아팠구나. 이 무거운 짐을 하나님이 대신 지어 주신다.' 하
시고 나를 쉬게 하신다 하니 내 마음은 너무 가벼워졌고 편안해
졌다. 이후 나는 선배와 다시 만나서 주일 날 예배 중에 내게 있
었던 일을 말하게 되었고 선배는 나에게 잘하였다며 그렇게 하
나님이 너를 사랑하시고 기다리고 계셨던 거라며 앞으로 꾸준히
교회에 잘 다닐 것을 권면하였다. 선배는 자신이 하나님의 인도
하심을 따라 살아오면서 선배와 선배의 가정에 행하신 하나님에
대해 여러 가지 간증을 계속 들려 주었지만 특히 기억에 남는 간
증이 있다.

> '그러므로 염려하여 이르기를 무엇을 먹을까 무엇을 마실
> 까 무엇을 입을까 하지 말라 이는 다 이방인들이 구하는
> 것이니라 너희 하늘 아버지께서 이 모든 것이 너희에게
> 있어야 할 줄을 아시느니라' (마태복음 6:31~32)

선배의 간증이다. 하루는 선배의 아내가 집에 쌀이 떨어져 '이
제 저녁 한 끼 먹고 나면 가족들이 먹을 양식이 없으니 이제 우리
어떻게 해요'라고 말했을 때, 선배의 답변은 하나님이 성경에 말
씀하시기를 '무엇을 먹을까 무엇을 마실까 무엇을 입을까 염려치

말라'고 했는데 왜 걱정하느냐고 말하였고 하나님이 어떻게 하시는지 보면서 지금이 바로 우리 가정이 하나님을 만날 기회라고 말했다고 했다. 당시 나는 선배에게 미쳤다고 말했고, 아이들이 4명인데 어찌 그럴 수 있느냐며 선배가 밖에 나가서 아이들과 가족들을 위해 일을 해서 가족들이 먹을 것을 구해 와야 한 가정의 가장이 아니냐고 화를 냈지만 선배의 간증은 계속 이어졌다. 선배의 가족은 마지막 남은 양식으로 저녁 식사를 마치고 가족들이 함께 하나님께 예배드리고 잠에 들었는데 아침에 초인종이 울려 나가 보니 80kg 쌀 2개가 문 앞에 와 있었다고 했다. 한 번도 연락이 없었던 시골에 사시는 삼촌이 집 주소를 어떻게 아시고 쌀을 보내 주셨다는 것이다. 하나님의 놀라우신 공급 앞에 온 가족은 눈물을 펑펑 흘리며 감사 기도를 드렸다고 한다.

나는 이해되지 않는 선배의 간증을 들으면서 '이런 일도 있구나 이런 삶이 진짜 가능한 걸까? 내가 지금까지 학교에서 사회에서 배우고 알고 살아왔던 방식과는 너무도 다른 삶의 방식에 걱정과 함께 나는 마음속에 새로운 도전을 받게 되었다. 선배가 그렇게 사는 삶이 행복하다면 나도 그 길을 가 봐야 겠다. 지금 내가 생각하기에는 미친 짓 같은 삶이지만 나도 한번 경험해 보고 싶다라는 생각이 들었다.

'또 예수께서 건너편 가다라 지방에 가시매 귀신 들린 자 둘이 무덤 사이에서 나와 예수를 만나니 그들은 몹시 사나워 아무도 그 길로 지나갈 수 없을 지경이더라'(마태복음 8:28)

    선배는 나에게 악한 영의 존재에 대해 말해 주었고 귀신 들린 사람은 내 주위에 아주 가까이 있으며 귀신은 우리를 넘어트리기 위해 항상 준비하고 있기에 우리는 깨어 있어서 악한 영에게 사로잡힌 사람을 발견하게 되면 예수 그리스도 이름으로 명하노니 귀신아 떠나라 명하여 쫓아야 한다고 했으며, 귀신 들린 자의 귀신을 예수 그리스도 이름으로 쫓다 보면 때로는 얼굴이 변하는 경우도 있고 힘이 엄청 강해져서 제어가 어려울 때도 있다며 그때는 예수 그리스도 이름으로 손발을 묶어 달라고 선포 기도를 해야 한다고 했다. 때론 귀신은 얼굴에 침을 뱉으며 욕을 할 때도 있으며 비웃으며 너가 무엇인데 나를 나가라고 하냐고 욕을 할 때도 있으니 기억하라 했으며 귀신에게 너는 누구냐고 물으면 대답도 해 준다고 했다. 정말 엉터리 같은 믿기지 않는 말에 그런 일도 있느냐고 반문하며 선배의 간증을 들으며 은혜를 나누었다. 이렇게 선배의 전도와 말씀과 간증으로 시간은 어느덧 4개월이 흘러갔다.

너는 나를 믿니

3) 놀라운 예수 그리스도 이름으로

나는 아내와 결혼하기 전 연애를 하던 중에 약 1년 3개월 동안 헤어져 있던 시기가 있었는데 그 기간에 선배의 전도로 교회에 다니게 되었으며, 아내와 헤어져 지냈던 그때 나는 아내가 너무 그리웠다.

나는 지금까지 살아오면서 진심으로 사랑한 사람이 지금의 아내다. 연애하던 중에 헤어진 후 1년 3개월 동안 내 얼굴에서는 웃음이 사라졌다. 하루하루가 상심의 날들이었다. 일에만 집중하여 잊자. 그러면 된다. 그 사람의 행복을 빌어 주며 잊으려 노력하고 또 노력하고 있었다. 그렇게 나 자신과 씨름하며 지내던 어느 날 저녁 잠자리에 들기 전에 하나님께 기도를 했다. 하나님 제가 이 사람을 너무 사랑해서 고통스럽고 세상을 살아갈 희망이 없습니다. 이 사람이 하나님이 원하시는 나의 배우자이고 나와 함께 하기를 원하신다면 그동안 1년 3개월 동안 한 번도 연락이 없었는데, 만약 한 번만 연락이 온다면 하나님의 응답으로 알고 이 사람을 평생 사랑하며 아내로 함께 살겠습니다. 꼭 연락이 오게 해 주세요 기도하고 잠에 들었는데 그날 새벽에 전화가 울렸고 아내의 전화번호로 전화가 울리고 있었다. 내가 전화를 받으면 아내가 끊어 버리면 어떡하지 망설이다 전화를 받았는데 아내는 울면서 힘들어하는 목소리로 나에게 어떻게 지내느냐고 하는데 내 눈에서는 눈물이 흐르고 있었다. 나는 아내에게 지금 있는 곳이 어디인지 확인하고 지금 바로 갈테니 그 자리에 있어 달라 했고 그곳까지 가면서 '아, 하나님은 이런 기도에도 응답하시는 분이구나. 이런 분이 하나님이시구나. 하나님은 참 좋으신 분이다. 보이지 않는 내 가슴속 아픔까지도 모두 알고 계시는 분이구나. 하나님이 이런 분이라면 내가 믿어야지. 제대로 믿어 봐야지' 확신을 하게 되었다.

아내와 나는 그렇게 다시 만나 사랑하며 연애를 하게 되었고 어느 날 함께 있던 중 저녁 늦게 이상한 느낌이 들었다. 아내의 반응이 예전과 다르게 이상했다. 평상시 모습이 아닌 행동을 계속했다. 순간 선배가 말하던 악한 영들이 한다는 귀신 들린 모습과 비슷했다. 어떻게 해야 할까 나는 교회에 다닌 지 이제 4개월 정도 되었는데 어떻게 해야 하지 고민하다 '그래, 선배가 했다고 한 대로 한번 해 보자' 믿음으로 예수 그리스도 이름으로 쫓아 보자. 굳게 마음을 먹고 아내를 앉혀 놓고 "예수 그리스도 이름으로 명하노니 이 악한 영 귀신아, 이 사람에게서 떠나라" 큰 소리로

너는 나를 믿니

외쳤는데 아내가 말하길 "오빠, 왜 그래. 무서워. 나에게 그러지 마"라고 했다. 나는 계속해서 "예수 그리스도 이름으로 명하노니 이 악한 영 귀신아, 아내에게서 떠나라"를 외치고 있었지만 좀처럼 변화가 없었다.

오히려 더 미쳐 날뛰는 사람으로 변해 버렸다. 귀신은 어느 순간 갑자기 더 강해지기도 한다는 선배의 말이 떠 올랐고 그럴 때 제압을 할 필요도 있다 했기에 아내를 침대에 눕히고 다리를 누르고 두 손을 붙잡고 두 눈을 바라보며 "예수 그리스도 이름으로 명하노니 이 악하고 더러운 영 귀신아, 이 사람에게서 나가라" 외쳤지만 나를 비웃으며 얼굴에 침을 뱉으며 조롱했다. 너무 힘이 강해져서 감당이 어려워 '하나님, 이 사람의 손과 발을 예수 그리스도 이름으로 묶어 주세요' 기도했는데 아내가 말하길 손과 발이 움직이지 않는다며 손과 발을 놓아 달라고 했다. 선포기도의 응답이 시작되었다. 나는 아내의 눈을 보면서 너는 누구이기에 이 사람 안에 있느냐 말했더니 '왜 내가 이 아이 안에 있으면 안 돼'라고 대답하는데 순간 온몸에 소름이 짝 돋았다. 그러나 내가 너무 사랑하는 사람이기에 포기할 수 없었다. '예수 그리스도 이름으로 명하노니 너는 누구냐' 다시 물었더니 나는 이 아이의 고모라고 말하였다. 들어 보지 못했고 한 번도 만나 보지 못한 아내의 고모를 나는 알지 못했기에 나는 악한 영 귀신에게 담대하게 너가 이 사람의 고모인데 왜 이 사람 안에 있느냐 다시 질문을 하였고 귀신은 이 아이를 자기가 데려가야 한다고 말했다. 순간 나는 "예수 그리스도 이름으로 명하노니 이 더럽고 악한 귀신아, 이 사람에게서 즉시 떠나갈지어다 너의 정체가 다 드러났으니 이제는 너가 숨을 곳이 없다. 당장 이 사람에게서 떠나라" 외쳤는데 아내의 얼굴이 영화에서 보던 괴물의 얼굴로 변하기 시작했다. 나는 계속해서 '예수 그리스도 이름으로 명하노니 이 악한 귀신아 이 사람에게서 떠나라'를 외쳤다. 어느 순간 다시 한번 내 얼굴에 침을 뱉고 큰 소리를 내더니 조용해졌다.

아내의 얼굴은 정상으로 돌아왔고 온몸은 힘이 다 빠진 상태에서 아내가 말하길 "오빠, 나 졸려. 잘래" 말하며 순한 양처럼 부드러워졌다. 아내가 잠든 것을 확인하고 나는 하나님께 감사 기도를 드렸다. "하나님 감사합니다. 더럽고 악한 영 귀신이 이 사람에게서 드러나게 해 주셨으며 저를 사용하여 예수 그리스도 이름으로 악한 영 귀신을 쫓게 하심에 감사합니다. 주님 영광 받으시옵소서. 다시는 귀신이 이 사람을 괴롭히지 못하도록 은혜를 주옵소서" 기도 드리고 시간을 보았는데 나는 3시간 반 동안 귀신과 싸웠던 것이다.

내가 교회에 나간 지 4개월 정도 되었는데 어찌 이럴 일을 할 수 있을까. 하나님은 짧은 시간 안에 두 번이나 확실한 기도 응답과 예수 그리스도 이름의 능력을 보여 주셨다.

다음 날 아침 아내는 일찍 일어나 아침을 준비한 후 쇼파에서 잠자고 있던 나를 깨웠고 함께 아침식사를 마친 후 어제 저녁에 잠은 잘 잤느냐고 아내에게 물었는데 오랜만에 너무 편안한 잠을 잤다고 말하며 꿈을 꾸었는데 이상한 꿈을 꾸었다고 꿈 이야기를 해 주었다. 꿈에 아이를 낳는 꿈을 꾸었는데 죽은 아이를 낳았고 냄새가 아주 심해서 기분이 너무 안 좋았지만 이상하게 마음이 편안해졌다고 했다.

난 그 이야기를 듣고 '이제 되었다. 귀신이 이 사람에게서 나갔구나'라는 감동이 있었다. 나는 아내에게 지난 밤에 있었던 이야기를 해 주며 혹시 고모님이 계시느냐 질문을 했는데 오래전에 자살을 한 고모가 계시다고 했고 나는 그 말을 듣는 순간 또 한 번 놀랐다.

사실이었구나. 어제 저녁에 귀신이 고모라고 했던 말이 사실이었구나. 정말 귀신이 있구나. 그러나 귀신보다 더 강한 능력은 예수 그리스도 이름이구나 알게 되었다.

아내는 그날 이후 스스로 새벽기도를 나갔다. 나중에 알게 되었지만 아내는 모태 신앙이었다. 4대째 교회를 다니는 집안 사람이었다. 가정에 여러 가지 사정이 있어 교회를 떠나 세상에서 살고 있었던 것이다. 난 아내에게 하나님이 당신을 너무 사랑하셔서 나를 이렇게 보냈으니 함께 교회에 다니자 말하였고 아내는 예전의 모습과 달리 많이 변해 있는 나의 모습에 어색해하였지만 스스로 새벽기도를 다니게 되었다. 아내와 난 그렇게 자연스럽게 함께 교회에 다니고 있었다.

4) 하나님을 향한 나의 갈망

나는 아내와 함께 교회에 다니면서 항상 하나님이 궁금했다. 선배는 나에게 하나님을 만나야 한다고 했다. 기도원에 가서 소나무를 붙잡고 기도하고 기도굴에 들어가 기도를 하면서 하나님을 만나기도 한다고 했다. 어떤 느낌이 하나님을 만나는 걸까? 나는 하나님을 한번 만나 보고 싶다는 생각이 강력하여 소나무를 뽑는다는 기도원을 스스로 찾아갔다.

그 기도원은 나에게 아주 특별한 곳이다. 처음 찾아갔을 때는 너무 당황스러웠다. 큰 북을 치며 찬양하고 뛰어다니는 사람, 춤을 추는 사람, 거친 말씀이 선포되며 미친 사람들처럼 외쳐 기도하는 사람들. 와, 이곳에 있는 사람들은 다 미쳐 있다. 그런데 내가 왜 이곳에 있는 걸까 계속 생각했지만 이번만 이번 한 번만 더 가 보자 다짐하며 이렇게 1년을 다녔다. 나는 보이기 시작했다. 이 많은 사람들이 왜 이렇게 소리내어 부르짖고 있는지. 각자 하나님을 향한 소망을 가지고 부르짖고 있었던 것이다. 여전히 난 하나님을 만나야 한다는 갈망이 멈추지 않았다. 어떻게 해야 하나님을 만날 수 있지? 어떤 느낌이 하나님을 만난 걸까? 내 안에

채워지지 않는 하나님을 향한 갈망은 계속되고 있었다.

> '구하라 그리하면 너희에게 주실 것이요 찾으라 그리하면
> 찾아낼 것이요 문을 두드리라 그리하면 너희에게 열릴
> 것이니'(마태복음 7:7)

아내와 난 아파트를 구입하기 위해 계약을 해 놓았고 잔금 납부 기간이 3개월 남았는데 아무리 방법을 생각해 봐도 잔금을 납부할 방법이 없었다. 그러던 어느 주일 날 예배 때 선포된 말씀이다. '구하라 주실 것이요 찾으라 찾아낼 것이요 두드리라 열릴 것이니'(마태복음 7:7). 이 말씀을 들은 후 우리는 당시 지갑에 있었던 78만 원을 무명으로 헌금 드리고 하나님께 기도했다. 하나님, 하나님께서 구하라 하여 이 시간 하나님께 구합니다. 저희가 3개월 후 아파트 잔금 8천만 원이 필요합니다. 하나님이 책임져 주세요. '찾으라' 하셨으니 지금 기도하며 찾습니다. 나에게 이 자금을 빌려줄 사람이 떠오르게 해 주세요.

한참을 기도하는 가운데 내 주위에 있는 사람 중에 누가 돈이 제일 많은가 누구일까 생각하던 중 현재 다니고 있는 회사의 회장님이 돈이 제일 많다는 생각이 떠올랐고 그럼 그 돈을 회장님

께 빌리게 된다면 어떻게 변제를 한다고 해야 할까요 기도했다. 내가 받는 급여에서 매월 100만 원씩 갚는다고 하면 다 변제할 때까지 회사에 최선을 다하고 오랫동안 회사와 함께할 수 있으니 서로 좋은 일 아닌가 생각이 들었고 이제 '문을 두드리라'라고 했으니 말씀대로 월요일에 출근하여 회장님을 찾아가 믿음으로 두드리자 하며 기도를 마치고, 사람을 떠오르게 하시고 방법까지 알려 주신 하나님께 감사하며 기도를 마치고 교회에서 아내와 함께 나왔다.

당시 나는 회사에 임원으로 근무하고 있었기에 월요일 아침 출근하여 임원 회의를 마치고 회장님 개인 면담을 신청하고 만나게 되었다. 갑자기 개인 면담을 하는 나에게 회장님은 무슨 일이 있느냐고 질문을 하셨고 나는 담대하게 회사 일은 아니고 개인적인 일로 찾아뵈었다고 말씀드리며 "3개월 후에 이사해야 할 아파트 잔금 8,000만 원이 필요한데 아무리 찾아봐도 저에게 그 돈을 빌려주실 분은 회장님밖에 없으십니다. 그 돈을 빌려 주시면 매월 급여에서 100만 원씩 변제하겠습니다" 말씀드렸고 "회장님께서 그 돈을 저에게 빌려주시게 된다면 회사와 회장님과 함께 제가 오랫동안 회사에 근무하여 열심히 일을 할 것이니 회장님도 좋으시고 회사도 좋고 저도 이사를 할 수 있어서 좋은 것 같습니다"라고 말씀드리니 어이가 없으시다는 듯 웃으시면서 한마디로 거절하며 가서 일에나 집중하라 하셨다. 나는 "회장님, 오늘은 이대로 가지만 내일 또 찾아뵙겠습니다" 회장님께 인사를 드리고 자리로 돌아갔다. 나는 이렇게 계속해서 5일간 회장님을 찾아가 말씀을 드렸으나 변함없이 거절을 하셨다.

분명 하나님이 생각나게 해 주신 분인데 왜 계속 거절하시는걸까 생각하던 중에 성경말씀이 떠올랐다.

'그러나 여호와께서 바로의 마음을 완악하게 하셨으므로
이스라엘 자손을 보내지 아니하였더라' (출애굽기 10:20)

모세와 바로의 10가지 재앙이 생각났다. 하나님이 바로의 마음을 완악하게 하신 이유는 무엇일까? 이스라엘 백성들이 하나님을 알고는 있지만 430년 동안 노예로 살다 보니 믿음을 잃어버리고 아브라함의 하나님, 이삭의 하나님, 야곱의 하나님은 알고 있지만 자신의 하나님은 믿지 않고 있었기에 이스라엘 백성들이 믿음의 확신이 있을 때까지 바로의 마음을 완악하게 하여 이스라엘 백성들이 하나님만을 바라보게 만드시고 이스라엘 백성들의 믿음을 요구하시고 있었던 것이다. 그래서 10가지의 재

너는 나를 믿니

앙이 필요했다.

'그럼 회장님이 나에게 이렇게 하시는 건 하나님이 나의 믿음을 테스트 하시는 거구나. 그렇다면 내가 믿음으로 회장님께 더 찾아가자' 생각하고 난 매주 월요일 있는 임원회의에 참석하였다. 회의 중에 회장님의 놀라운 반응이 있었다. 내가 잠을 못 자고 있다. 갑자기 나보고 8,000만 원을 내놓으라고 하니 잠을 못 자고 있다. 그래서 생각해 봤는데 내가 맡고 있는 파트가 회사 전체에서 3개월간 매월 1등을 한다면 8,000만 원을 빌려주겠다며 부서장들과 임원 50여 명이 함께한 회의에서 공개적으로 발표를 한 것이다.

나는 바로 "회장님 감사합니다. 제가 맡은 파트가 반드시 3개월 동안 1등을 할 것입니다. 지금 하신 약속은 꼭 지키셔야 합니다." 나는 부서장들과 임원들 앞에서 회장님께 다시 한 번 확답을 받고 나는 속으로 '하나님 감사합니다' 감사 기도를 드렸다. 나는 믿음의 확신으로 3개월 동안 내가 맡은 파트가 1등을 한다는 자신이 있었다. 하나님의 말씀을 붙잡고 시작한 도전이기에 하나님이 반드시 함께하셔서 해낼 것이라는 확신이 있었다.

'구하고 찾고 두드리'는 것까지 다 되었는데 남아 있는 것이 한 가지 있었다. 내가 믿음으로 걸어가야 하는 하루하루가 남아 있었다. 내가 맡은 파트의 부서장들과 사업 계획을 세우고 전략을 세워 어떻게 목표를 달성할 것인가 서로 논의하고 각 부서원들을 교육하기 시작하였다. 그로 인해 내가 맡은 파트는 하루하루 새롭게 일을 하기 시작했다. 1개월 후 우리 파트는 회사 전체에서 실적 달성 1등을 하게 되었고, 2번째 달에는 순간순간 많은 어려움들이 있었지만 부서장들과 부서원들이 잘 협력해 주어 또 1등을 하게 되었다. 이런 나와 내가 맡은 파트의 소문은 회사 전체에 퍼졌고 모두가 궁금해하였다. 3개월째도 과연 1등을 할 것인가? 다른 파트에서도 우리의 이런 모습에 도전을 받아 실적이 좋아졌다. 회사의 전체 매출은 그동안 경험하지 못한 실적을 올리고 있었다. 하나님은 이렇게 한 사람을 사용하시나 보다. 보잘것없는 나 같은 사람을 통해 믿음을 확인하시고 주변에 복음을 전하게 하시는구나. 이로 인해 나는 회사에 부서장들과 직원들에게 하나님을 전하였고 전도를 하였다. 놀라운 나의 변화된 모습이었다.

하루하루를 기적 같은 날들로 보냈는데 감사하게도 3개월째는 말일 전에 이미 어느 파트에서도 따라올 수 없는 실적을 거두었다. 하나님의 섭리는 참으로 놀랍다. 3개월간 1등을 달성한 후 회장님은 부서장들과 임원들이 참석한 회의장에서 말씀하셨다.

최근 3개월 동안 우리 회사가 그 어느 때보다 최고의 실적을 거두어서 내가 매우 기쁘다고 말씀하셨고 이사에게 약속한 8,000만 원을 지급하겠다고 말씀하셨다. 난 표현할 수 없을 만큼 기뻤다. 무엇보다 하나님께 기도한 응답이 이루어져 너무 기뻤고 감동했다.

그러나 그 기쁨의 감동은 오래가지 못했다. 문제는 회장님이 약속한 자금을 바로 지급하지 않고 하루하루 미룬 것이었다. 입주할 아파트 잔금 납부와 함께 이사 날짜는 내일로 다가왔다. 그런데 잔금을 납부하지 못하고 있었다. 나는 퇴근 전에 회장님을 찾아뵙고 "내일 11시에 이사를 합니다. 이사 전에 잔금 납부를 해야 합니다. 회장님 늦더라도 오늘 꼭 입금을 해 주셔야 합니다" 말씀드리고 퇴근했지만 그날도 입금은 되지 않았다. 나와 아내는 마음이 불안했지만 아내에게 내일 아침도 있으니 기다려 보자 안심을 시키며 나는 하나님께 기도했다. "결국에는 이스라엘 백성을 출애굽시키신 하나님, 홍해 바다를 갈라 은혜를 베푸신 하나님, 그 하나님을 나는 믿습니다. 하나님 회장님의 마음을 움직여 주시고 내 삶에 홍해 바다가 열리는 경험을 하게 하옵소서" 기도하고 잠에 들었다.

하지만 다음 날 아침 이사짐을 준비하는 오전 10까지도 잔금 납부가 안 되었다고 연락이 와서 나는 회장님께 전화를 드리니 지금 입금시키라 결재했으니 바로 입금이 될 것이라며 이사 잘 하고 월요일에 출근하여 만나자 하셨다. 순간 나는 눈물이 흘러 내렸다. 하나님의 말씀은 살아 계시구나. 예배 중에 지갑에 가지고 있던 78만 원을 믿음으로 하나님께 드리고 '구하고 찾고 두드렸는데' 8,000만 원을 보내 주셨으니 100배의 축복이 아닌가. 이 세상의 누가 이렇게 나를 위해 이런 기적을 행할 수 있을까. 오직 하나님 한 분만이 가능하시다.

아내와 난 하나님께 감사드리며 새 보금자리로 이사를 하게 되었다. 그후 나는 매월 급여에서 공제하여 변제하다가 사업을 위해 퇴사하고 잔액 6,500만 원을 수표로 찾아 회장님을 찾아뵙고 모두 변제하였다. "회장님, 감사합니다. 회장님께서 저에게 행하신 것처럼 저도 나중에 후배에게 회장님과 같이 도와주는 사람이 되겠습니다." 말씀드리고 정말 감사하다고 인사를 드렸다. 내 삶에 잊을 수 없는 하나님이 주신 100배의 축복 사건이다. 하나님 내 삶에 100배의 기적을 보여 주셔서 감사합니다. 이 땅에 오직 하나님만이 가능하십니다. 오직 하나님만 영광 받으시옵소서.

너는 나를 믿니

2.

하나님과
함께하는
새로운 여정

1) 사업의 문이 열리다

'일어나 빛을 발하라 이는 네 빛이 이르렀고 여호와의 영
광이 네 위에 임하였음이니라'(이사야 60:1)

나는 하나님을 더 알고 싶고 만나고 싶어서 기도원에 가서 예
배와 기도를 계속했다. 그러던 어느 날 예배 중에 머리를 망치로
맞은 듯 말씀이 임했다. 이곳에서 예배만 드리지 말고 사회에 나
가 장사를 하든지 사업을 하든지 일을 하라는 말씀 선포였다. 왜
앉아서 기도만 하고 있느냐. 돈이 없으면 빌려서라도 하라. 대신
에 잘되어도 하나님께 감사, 망해도 감사하라고 했다. 예배가 끝
나고 나면 앉아서 계속 기도할 때 하나님이 생각나게 해 주는 사
람을 찾아가고 방법도 여쭈어 보아라 말씀하였다.

예배가 끝난 후 나는 그 자리에서 "하나님, 제가 사업을 하기
원하시면 사람을 생각나게 해 주시고 방법도 생각나게 해 주세
요" 기도했다. 기도 중에 예전에 모셨던 회장님 한 분이 떠올랐고
그분의 사무실 한 곳이 비어 있다는 것이 생각났다. 그분을 만나
사무실을 사용하게 해 달라고 간청하라는 감동이 있었고 나에게

너는 나를 믿니

방법도 알려 주셨다.

　나는 기도를 마치고 집에 돌아와 아내에게 하나님이 사업을 하라고 하신다고 했더니 아내는 다니는 직장이나 잘 다니라고 말하며 반대하였지만 나는 다음 날 그 회장님과 약속하고 만나서 비어 있는 사무실을 사용하고 임대료와 관리비는 내가 책임지고 지급하겠다고 하였더니 잘되었다며 한다면 무조건 주겠다고 말하였다. 임대보증금 1억 원도 벌어서 갚아 달라고 했다. 순간 너무 순조롭게 진행되는 과정에 놀라서 잠시 멈칫했지만 "회장님, 감사합니다. 실수 없이 잘 운영해서 최대한 빠른 시일 안에 보증금을 갚아 드리겠습니다" 말씀드리고 별다른 계약서도 없이 그렇게 사무실이 생겼다.

　아무런 준비 없이 기도와 말씀에 의지하여 그대로 순종한 것뿐인데 서울 강남 테헤란로에 90평 규모의 멋진 사무실이 생겼다. 나는 집에 돌아오는 길에 하염없이 눈물을 흘렸다. 하나님, 감사합니다. 이 부족하고 부족한 사람을 이토록 사랑하시니 정말 감사합니다. 이 기쁜 소식을 아내에게 전하였더니 "여보, 진짜예요? 어떻게 그분이 그렇게 해 주 실 수 있어요"라며 믿기지 않는다 말하였고 우리는 말로 표현할 수 없이 기뻤다. 나는 아내에게 "여보, 하나님이 우리를 많이 사랑하시고 많이 사용하시고자 계획이 있으신가 봐. 내가 믿음으로 사업을 잘해 볼게"라고 말하며 당신이 기도로 나를 후원해 달라고 부탁했다.

나는 다음 날부터 사무실에 혼자 나가서 예배와 기도를 드리고 청소부터 시작하였다. 사무실에는 책상 및 모든 비품이 완벽하게 준비되어 있어서 청소만 하면 바로 일을 시작할 수 있었다. 사무실을 주신 회장님은 시행을 하시는 분이었기에 우리 회사는 분양을 담당하고 함께 성장하기로 했다. 특별히 자금이 많이 필요하지 않았기 때문에 함께 일할 직원만 구하면 되었다. 그날부터 과거에 함께 일했던 지인들에게 연락해서 사무실을 오픈했으니 와서 함께 일을 하자 권하였고 하나둘씩 모이기 시작하더니 곧바로 직원이 50명이 되었다.

기적 같은 일들은 계속되었다. 사업을 시작한 지 3개월 만에 현금 3억 원이 수입으로 들어왔다. 나는 하나님께 너무 감사하여 수익의 10%를 반드시 십일조를 드리고 선교사님들과 미자립교회 16곳을 섬기기 시작했다. 매월 쌀 20kg 10개씩을 보내드렸고 교회마다 급하게 필요한 자금이 있다면 주저하지 않고 헌금으로 섬겼다. 섬길 수 있음이 감사했다. 내가 사업은 하고 있지만 주신 이도 하나님이시요, 가져가시는 이도 하나님이시니 욕심과 미련이 없었다. 그렇게 사업은 더욱 번창하여 나는 독립하여 시행을 직접하며 분양도 하는 사업을 진행하였다. 150여 명의 직원이 함께 일하는 회사가 되었다.

회사를 시작한 지 3년 되던 해에 회사에 큰 사건이 발생하였다. 임원 중 하나인 전무이사가 무리하게 사업을 진행하였고 임원들과 부서장들이 전무와 함께 단합하여 무리한 분양을 진행하였다. 38억 원이라는 금액을 허위로 분양하였다. 나는 계약서대로 중도금과 잔금이 들어올 거라 판단하고 다음 사업을 진행한 상태였다. 추후 38억 원이 회사로 들어오지 않는다는 것을 알게 되었고 나는 앞이 캄캄했다. 이미 다음 사업지에 계약금을 지급한 상태였다. 나는 두 가지의 문제를 해결해야 했다 허위 계약 38억 원과 신규 사업지 중도금과 잔금을 지급해야 했다. 이 두 가지 문제 해결을 위해 1년 6개월 이상 뛰었고 내가 가지고 있던 현금 30억 원은 직원들의 임금과 운영 경비로 모두 소진되어 버렸다. 두 곳의 어려움은 도저히 해결할 방법이 없었다. 결국 회사는 74억 원의 부도를 냈다. 이 부도의 피해를 해결해야 했다.

나에게 마지막 남은 자금은 현금 3억 5천만 원이었다. 내가 문제 해결을 위해 한참 힘들어하던 그때 마침 후배가 캄보디아에서 잠시 왔는데 나의 사정을 듣더니 남아 있는 3억 5천만 원을 가지고 캄보디아에 오면 왕처럼 살 수 있다면서 나에게 캄보디아로 들어오라 했다. 당시에는 그렇게 살 수 있다고 설명을 해 주었다. 나는 아내에게 후배가 캄보디아로 오라는데 어떻게 할까 물었는데 아내가 나에게 말하길 "여보, 그곳으로 도피하면 우선은 살 수 있겠지만 그곳에 가면 하나님이 안 계시나요? 그곳으로 도망가서 잠시 편안할 수는 있어도 하나님을 속일 수는 없는 일이니 차라리 끝까지 책임을 지시라"고 말하였다.

나는 남아 있는 3억 5천만 원으로 직원들의 급여와 퇴직금을 챙겨 줄 수 있는 만큼씩 지급하였지만 결국 다 지급하지 못했다. 그때부터 우리 집에는 생활비가 없었다. 직원들은 하나둘씩 떠났고 결국 나 혼자 남아 끝까지 회사를 정리하였다. 회사의 오너는 무한 책임을 져야 한다. 그 책임감이 없다면 오너를 하면 안된다는 마인드를 가지고 있었기에 어떤 방법이든 책임을 져야 했다.

나는 그 이후부터 국세청, 경찰서, 검찰청, 법원, 노동부 등 관공서를 1년 6개월 동안 불려 다녔고 말로 표현할 수 없는 수치와 욕을 들으며 다녔다. 내가 이렇게 앞으로 살 수 있을까, 차라리 스스로 목숨을 끊는다면 아내와 아이들은 괜찮을까 수많은 생각들이 밀려왔다. 회사 사무실에서 혼자 고뇌하는 가운데 3번이나 기절을 하였고 나는 그때 책상 밑에 무릎 꿇고 하나님께 기도했다. "하나님, 이게 뭔가요. '일어나 빛을 발하라' 하여 그 말씀 붙잡고 믿음으로 사업을 시작하였는데 이런 시간을 허락하시니 너무 고통스럽고 힘이 듭니다. 제가 어찌하여야 할까요. 저는 이 일을 감당할 능력이 없습니다." 이때 하나님께서 감동을 주셨는데 '이 문제는 너의 것이 아니다. 나의 것이다' 감동을 주셨고 욥에게 허락한 고난의 시간을 너에게 허락하는 것이라고 말씀을 주셨다.

> '이제 주의 손을 펴서 그의 모든 소유물을 치소서 그리하시면 틀림없이 주를 향하여 욕하지 않겠나이까' (욥기 1:11)

> '욥이 그의 친구들을 위하여 기도할 때 여호와께서 욥의 곤경을 돌이키시고 여호와께서 욥에게 이전 모든 소유보다 갑절이나 주신지라' (욥기 42:10)

하나님은 이 고난의 시간이 지나고 나면 욥에게 주셨던 갑절의 축복을 너에게 주신다는 감동을 주셨고 난 그때 바로 "아멘. 하나님. 감사합니다" 기도하였다.

회사 부도 리스트를 정리하여 성경책 아래에 놓고 나의 두 손을 성경책 위에 올려놓고 기도했다. "하나님, 이 부도는 나의 것이 아니고 도저히 나의 힘으로 해결할 방법이 없으니 주님이 주님의 방법으로 해결해 주시옵소서. 모든 것에 순종하겠습니다." 나는 모든 것을 하나님 앞에 내려놓았다. 아니, 그 방법밖에 없었다.

그 후로도 나는 한 달에 20일을 경찰서, 검찰, 법원, 노동부, 세무서, 국세청으로 불려 다녔고 그 기간은 내 인생에서 가장 고통스런 순간이었다. 그러나 결국의 하나님, 나를 위해 예비하시는 하나님의 결국을 믿기에 담대하게 이 길을 가자 좀 더 당당하게 어딜 가든지 '네, 아니요'만 말하자 했고 나는 그렇게 조사를 받고 재판을 했다. 부도 금액이 74억 원이라는 큰 금액이어서 나는 징역 5년을 선고를 받고 수감되었다. 당시 나는 앞이 캄캄했다. 아내와 3명의 어린아이들은 앞으로 어떻게 5년을 살아 낼까, 내가 다시 사회로 돌아올 때까지 생활할 수 있는 돈이라도 남겨 주고 왔으면 좋았을 텐데 이 바보같은 사람이 가족들을 힘들게 했구나. 온통 가족들 생각뿐이었다. 또한 결국의 하나님이 우리 가정을 어떻게 이끄실지 궁금했다. 나와 우리 가정을 어찌 이끌어 가시는지 가 보자, 5년이라는 긴 시간을 어찌하시는지 보고 싶었다.

내가 믿을 수 있는 분은 오직 하나님 한 분이었다. 나는 징역 5년을 선고받고 수감되면서 마음을 굳건히 했다. '이 시간도 하나님의 계획 안에서 허락하신 시간이니 순종하는 마음으로 가 보자. 결국의 하나님을 나는 보고 말리라' 다짐하고 다짐했다.

'내가 너와 함께 있어 네가 어디를 가든지 너를 지키며 너를 이끌어 이 땅으로 돌아오게 할지라 내가 네게 허락한 것을 다 이루기까지 너를 떠나지 아니하리라 하신지라' (창세기 28:15)

2) 언제나 나와 동행하시는 하나님

난생처음으로 수감생활을 하게 된 나는 첫날부터 너무 두려웠다. 수치심은 말로 표현하기 힘들 정도였다. 나는 불안한 마음과 두려운 마음으로 1주일이 지나고 나서 아직 재판이 끝나지 않았기에 미결수 방으로 배정을 받아 들어가게 되었고 그곳은 3.5평 남짓한 곳에 13명이 함께 생활을 하는 곳이었다. 잠을 잘 때는 누워서 자지 못하고 옆으로 자야만 했다. 하나님이 이곳에 나를 보내신 이유가 무엇일까? 내가 이곳에서 무엇을 하길 원하시는 걸까 기도했다. 지금 이곳에서 나와 함께 있는 이들은 나와 같이 재판을 기다리는 사람들이라서 매일 불안함과 두려움에 사로잡혀 하루하루를 살아가고 있는 사람들이었다. 내가 이들을 위해 할 수 있는 일이 무엇일까? 하나님께 기도하며 나는 매일 성경을 읽기 시작했다. 그동안 교회는 다녔지만, 찬양과 기도는 했지만, 예배를 드리고 말씀은 들었지만 성경은 읽지 못했다. 겨우 신약성경 1독 정도였다. 이곳에서 성경을 많이 읽자 하나님이 성경을 읽을 수 있는 기회를 주셨구나 생각하고 매일 성경을 읽기 시작했다. 처음에는 이해되지 않고 무슨 뜻인지 알 수 없었지만 계속

너는 나를 믿니

읽었다. 성경을 1독 했을 때 같은 방에 있는 젊은 사람들이 나에게 질문했다. "도대체 왜 그렇게 성경책을 읽어요? 재미있어요?" 묻길래 나도 처음 읽는데 판타지 소설처럼 재미가 있으니 당신들도 한번 읽어 봐라 권하였다. 나는 아내에게 부탁하여 성경책을 보내 달라 하였고 젊은 사람들에게 성경책을 나누어 주며 읽다가 모르는 부분이 있으면 내게 물어보아라, 나도 잘은 모르지만 내가 아는 범위 내에서는 설명을 해 주겠다고 했다. 처음에는 나 혼자 읽기 시작한 성경 읽기가 5~6명으로 늘었다. 우리는 다른 사람들에게 양해를 구하고 오전에 성경큐티를 하였다, 성경을 읽고 각자에게 주시는 감동이나 궁금한 내용을 서로 나누기 시작했다. 그리고 각자 기다리고 있는 재판을 위해 함께 기도했고 그러던 중 재판이 잘되어 출소를 하게 되어 집으로 돌아가는 기쁜 일도 있었고 감형이 되어 함께 기뻐하기도 했다.

당시 나에게 특별하게 기억에 남는 한 청년이 있다. 유독 하나님과 성경에 대해 관심이 많았던 청년이었는데 엄마에게 버림받고 아버지에게 이용당하며 살아온 청년이었다. 그 청년이 너무 가여웠다. 나는 그 청년을 위로하고 부모님을 용서할 것을 권면하였다. 그 청년은 그동안 자라 오면서 받은 상처가 너무 많아서 쉬운 일이 아니었다. 그러나 나는 성경 속 하나님의 사랑을 계속

전하였고 청년을 위로하며 부모님을 용서하자 했고 함께 하나님께 기도했다. 부모님을 용서할 힘을 주시라고 우린 손을 잡고 기도했다.

며칠이 지나 청년은 이제 부모님을 용서할 수 있을 것 같다고 말했다. 아버지에게 편지를 쓰겠다고 하며 편지를 써서 보냈는데 아버지가 면회를 왔고 청년은 그동안 자신을 이용한 아버지를 용서했다. 그 후 우린 그 청년의 재판을 위해 함께 기도했고 재판이 잘되어 출소를 했다. 그 청년은 출소 후 나의 아내를 찾아가 물질과 마음으로 아내와 아이들을 한동안 섬겨 주었다. 그 청년이 우리 가정을 섬겨 주는 내용을 아내는 나에게 계속 이야기하며 너무 감사한 사람을 하나님이 보내 주셨다고 눈물을 흘렸다. 이렇게 하나님은 나를 훈련시키고 계셨다. 세상의 가장 낮은 자리로 보내셔서 훈련을 시키고 계셨다.

나는 쇠 창살로 막혀 있는 방 안에 갇혀 있으면서 자유에 대해서 생각해 보았다. 당연하게 여겼던 자유, 하나님이 우리에게 주신 자유가 얼마나 소중한지 말로만 듣던 구속의 은혜가 무엇인지 직접 체험하게 되었다. 창살 밖에서 하늘로 날아가는 참새와 비둘기가 부러웠고 운동장 근처에서 자유롭게 돌아다니는 쥐와 고양이가 너무도 부러웠다. 흔하게 여겼던 자유 그 자유가 얼마나 소중한 것인지 세상 사람들에게 알려 주고 싶었다. 우리를 죄에서 값없이 구원해 주신 구속의 은혜가 얼마나 큰 사건인지 알려 주고 싶었다.

나는 하루하루 시간이 흐를수록 아내와 아이들 걱정과 진행 중인 재판이 염려되어 잠을 이루지 못했다. 그러던 어느 날 기독교인들을 위한 예배가 있으니 참석할 사람들은 준비하라는 방송 소리가 들렸다. 이게 웬 말인가. 이곳에서 하나님께 예배드릴 수 있단 말인가. 그 동안 매일 소리 내지 못하고 속으로 혼자 찬양하고 예배를 드리고 있었기에 너무 기대가 되었다. 내가 준비하고 예배 참석을 위해 강당 입구에 도착했을 때 찬양이 흘러나왔고 그 찬양을 듣는 순간 나는 눈물이 주룩 흘렀다. 멈출 수 없었다. 나는 예배 시간 내내 눈물만 흘리고 있었다. 나를 사랑하시는 하나님은 이곳까지 찾아오셔서 불안해하고 두려워하는 나를 위로하시고 함께하신다는 것을 확인시켜 주시는구나. 하나님 감사합니다. '감사합니다'를 계속 고백하고 있었다. 그날 밤 나는 그 감격 때문에 잠을 이루지 못했다. 그 후 나는 하루하루 이렇게 방에 있는 것이 너무 힘들어 교도관에게 상담을 신청하였다.

며칠 후 상담을 하게 되었고 상담 시 나는 교도관에게 말하길 내가 이곳에 있다가 사회에 돌아가게 되면 사회봉사를 하며 살아갈 계획인데 이곳 사람들 소문에 들으니 이곳에서 이발을 배우면서 일할 수 있는 곳이 있다고 들었는데 내가 그곳에 가서 일을 할 수 있는 신청을 할 수 있도록 해 달라고 부탁을 했다. 그곳은 350여 명 되는 교도관들을 이발해 주는 곳인데 내가 그곳에 가서 일을 하도록 신청할 수 있는 신청서를 달라고 요청을 했다. 나는 신청서를 제출하고 3개월이 지났을 때 면접을 보게 되었고 다행히 직원들을 섬기는 곳에서 일을 하게 되었다. 그날부터 나는 다른 수용자들과 생활을 하지 않았고 교도관들과 함께 생활을 했다. 낮에는 교도관들과 생활하였고 잠을 잘 때는 다른 수용자들과 함께 잠을 자게 되었다.

'간수장이 옥중 죄수를 다 요셉의 손에 맡기므로 그 제반 사무를 요셉이 처리하고 간수장은 그의 손에 맡긴 것을 무엇이든지 살펴보지 아니하였으니 이는 여호와께서 요셉과 함께 하심이라 여호와께서 그를 범사에 형통하게 하셨더라'(창세기 39:22~23)

나는 교도관들의 이발을 해 주기 위해서 배워야 했다. 아내에게 부탁하여 이발하는 방법에 관한 책을 보내 달라 했고, 그 책

너는 나를 믿니

을 보며 이론을 공부하였고, 기존에 있던 다른 사람들에게 열심히를 내어 배우기 시작했다. 그곳에는 3명의 다른 수용자와 함께 일을 하였다. 정말 특별한 하나님의 은혜였다. 그렇게 하루하루 배우는 시간이 흘러 나는 혼자 이발을 할 수 있게 되었다. 하루에 10~30명을 이발을 했는데 하루 종일 서서 하는 일이라 다리가 많이 아팠다. 그러나 행복했다. 하나님의 은혜로 이곳에 있지 않는가. 교도관들에게 세상 돌아가는 소식을 듣고 따뜻한 위로의 말을 해 주는 교도관들의 사랑과, 가끔은 이발을 잘해 주어 고맙다고 사탕을 선물로 주는 교도관도 있었고, 커피도 주는 교도관들이 많았다. 이발을 마치고 나면 교도관들은 언제나 나에게 감사를 표했다. 어떻게 죄인의 몸으로 수용생활을 하면서 이런 대우를 받을 수 있을까? 이 모두가 하나님의 은혜이고 나를 사랑하심과 어디든지 나와 함께하심이었다. 어느 곳이든지 나와 동행하시는 나의 하나님이었다.

나는 교도관들의 머리를 이발하며 '하나님이 왜 이곳에서 나에게 많은 사람들의 머리를 이발하게 하셨을까?' 생각해 보았다. 내 안에는 머리카락과 같은 가시가 너무 많아서 그 가시를 담듬고 계시는 중이라는 감동을 주셨다. 되돌아보니 나는 참 가시가 많은 사람이었다. '하나님, 제가 이곳에서 내 안에 있는 가시를 다

깎아내고 돌아가게 하옵소서' 기도하며 한 사람, 한 사람 이발을 했다. 소장님, 과장님들, 간부들, 수많은 교도관들 모두가 순번을 정하여 기다려야 나에게 이발을 할 수 있었다. 나의 실력은 직원들 사이에 소문이 났고 예약하고 기다려야만 나에게 이발을 할 수 있었다. 담당 교도관은 나에게 열쇠와 장부를 맡기고 모든 물품을 정리하고 체크하게 하였으며 교도관들의 헬스장과 목욕탕까지 청소와 관리 등 편하게 다닐 수 있는 특권도 주셨다.

　나는 잠자리를 기독교방으로 옮겼다. 그곳은 마음껏 찬양하고 예배할 수 있는 곳이었다. 6명이 편하게 잠자고 마음껏 성경을 읽고 찬양을 부를 수 있는 곳이었다. 또한 기독교 전체 예배가 있는 날에는 나는 성가대원으로 예배를 준비하는 책임자로 임명되어 담당케 하였다. 하나님은 나에게 말할 수 없는 은혜를 주셨다. 기독교 담당 교도관은 나를 하나님의 말씀으로 많이 챙겨 주셨고 위로의 말과 기도도 많이 해 주셨다. 그곳을 섬기는 목사님들을 많이 인사도 시켜 주셨다. 목사님들은 기도로 나를 위로해 주시고 아이들과 가정을 많이 도와주셨다. 이런 은혜의 시간이 2년 정도 지났을 무렵 나는 이곳에서 이렇게만 시간을 보낼 수 없었다. 하나님과 성경 말씀을 더 공부하고 알고 싶었다. 기독교 담당 교도관에게 부탁하여 신학을 공부할 방법이 없느냐고 질문을 하였고 기독교 담당교도관은 나를 감리교 교단의 딤낫세라 선교회에서 2년 기간으로 4개 과목 성경대학을 진행하는 과정이 있다고 알려 주셨고 그럼 나를 그곳에서 공부할 수 있도록 추천해 주시라 부탁드렸고 나는 그곳에 입학하여 2년간 성경 신약, 구약과 비교종교학 등 4개 과목을 잘 수료하고 최고의 성적으로 졸업을 하였다. 하지만 나는 여전히 하나님에 대해 목말라 있었다. 이렇게 나를 준비시키시는 하나님의 이유가 반드시 있으실 것이다. 언젠가 주님의 때가 되면 나를 사용하실 것이다. 그때를 위해 잘 준비하자며 하루하루를 성실하게 하나님을 묵상하며 동행하는 연습을 계속하고 있었다.

그곳에서 나에게는 좋은 일들만 있었던 건 아니다. 마귀는 끊임없이 나를 흔들었다.

수용자가 매일 교도관들과 생활을 하다 보니 나는 다른 수용자들에게 부러움의 대상이었고 시기의 대상이었다. 수많은 모함과 공격이 있었다. 그곳은 시기, 질투가 가장 많은 곳 중의 하나였다. 또한 암투도 많은 곳이었다. 나를 넘어트리기 위한 억울한 모함이 있을 때면 나는 운동시간에 운동장을 돌며 소리 내어 기도 했다. 하나님, 도와주세요. 이번 일에서 이길 힘을 주세요. 감당할 수 있는 힘을 주세요. 이 억울함에서 건져 주옵소서. 울부

짖어 기도할 때 하루는 건물 옥상에 앉아 계신 예수님을 보았다. 웃으시면서 나를 바라보며 계셨는데 "내가 너와 함께 있으니 담대하라. 두려워하지 말라" 하셨다. 이곳까지 찾아오시는 주님의 한없는 사랑에 감격했고 그 사랑에 힘입어 힘겨웠던 그 시간을 잘 통과할 수 있었다.

이런 시간들을 나는 그곳에서 4년 6개월을 보냈고 3.1절 특사로 가석방되었다. 6개월을 감면받고 가족의 품으로 돌아왔다. 주님의 은혜가 아니면 어찌 이런 일들이 있을까. 나를 너무도 사랑하시는 하나님, 감사합니다. 내가 아무리 하나님을 사랑한다고 고백해 보지만 나를 먼저 선택하시고 먼저 사랑하신 그 사랑에 어찌 비교할 수 있을까요 그저 하나님께 감사, 감사만 드립니다. 하나님, 감사드립니다.

3) 내가 원하는 나, 하나님이 원하시는 나

내 안에는 언제나 내가 원하는 내가 있고 하나님이 원하시는 내가 있다. 또한 내가 알고 있는 내가 있고 하님이 알고 있는 내가 있다. 내가 아는 나는 언제나 자신감이 넘치고 세상의 모든 것을 다 내 마음대로 이룰 자신이 있었다. 세상을 살다 지쳐 넘어지면 잡초처럼 다시 일어나고 또 일어나면 된다고 생각하며 살아온 존재였다. 언제나 세상의 방법, 조건, 이유로 무장된 나였다. 그러나 하나님이 아시는 나는 어떤 존재인가. 태어나기도 전부터 죄인이었다. 언제나 죄성으로 가득 차 있는 나였다. 하나님의 관점으로 나를 바라보면 나는 죽어 마땅한 존재 그 자체다. 그러나 나는 여전히 살아 있다. 내가 태어나기 전부터 날 구원하기 위해 자신을 제물로 드리신 분, 나를 위해 자기의 자식을 제물로 받으신 분, 나를 위해 죽으시고 부활하신 분, 나를 위해 보혜사 성령을 보내 주신 분, 나를 위해 복음을 주신 분, 나를 위해 끊임없이 은혜를 공급하시는 분. 그분이 나의 하나님이시다. 내가 원하는 나는 좋은 집에 살고 좋은 차를 타며, 부족함 없는 돈을 가지고 있고, 큰 회사를 경영하는 것이다. 내가 원하는 것은 여전히 세상에 다 있다. 하나님이 내게 원하시는 것은 무엇일까 깊이 생각해 보지 않았다. 하나님은 내게 무엇을 원하실까. 믿음, 순종, 기도, 찬양, 예배, 사명 도대체 무엇을 원하시는 걸까?

'여호와께서 이르시되 아들 네 아들 네 사랑하는 독자 이삭을 데리고 모리아 땅으로 가서 내가 네게 일러 준 산 거기서 그를 번제로 드리라' (창세기 22:2)

너는 나를 믿니

3.

믿음

1) 구원의 믿음

　하나님이 나에게 믿음을 원하신다면 나에게는 하나님을 믿는 믿음이 어느 정도일까? 믿음의 조상 아브라함은 100세에 얻은 아들 이삭을 제물로 드리는 믿음으로 믿음의 조상이 되었다. 당시 아브라함의 마음은 어땠을까? 기쁨의 순종이었을까? 고뇌의 순종이었을까? 아브라함은 아들을 제물로 드리라는 하나님의 음성을 듣고 기꺼이 순종하였다. 그 순종하는 아브라함의 믿음은 여호와 이레를 만나는 순간이 되었다. 아브라함이 진정으로 하나님을 만나는 계기가 되었고 하나님은 아브라함의 믿음을 받으셨다. 그렇다면 나는 만약 새벽기도 중에 아들을 번제로 드리라는 음성을 듣는다면 나는 어떤 선택을 할 수 있을까? 목사나 선교사로 보내라면 모를까, 번제로 드리라 하면 나는 어찌할까? 아내와 상의하면 아내는 승낙을 할까? 최소한 3일, 아니 2주 동안이라도 금식하며 하나님께 기도하여 음성을 다시 확인할 것 같다. 아니면 하나님과 흥정을 하며 결국에는 스스로 타협하고 하나님이 나에게 잘못된 음성을 주셨고 이 음성은 하나님으로부터 온 것이 아니라 마귀가 준 음성이라고 할 수도 있을 것 같다. 나

너는 나를 믿니

는 여전히 믿음으로 아들을 번제로 드릴 자신이 없다. 그러나 감사한 건 내가 믿는 하나님은 내 아들을 제물로 받으실 만큼 무자비하신 분이 아니다. 다만, 하나님을 향한 온전한 믿음을 원하시는 것 아닐까? 그렇다면 온전한 믿음은 무엇일까?

우리 집에는 코코라는 이름의 강아지가 한 마리 있다. 유기견 센터에서 장인어른이 데리고 오셨는데 우리 아이들이 너무 귀엽고 예쁘다고 하니 우리 가정에 선물로 주셨다. 코코는 유기견이었기에 경계심과 먹는 것에 대한 욕심이 아주 많다. 코코는 거의 4년 만에 우리 가족에게 마음의 문을 열었다. 이제야 우리 가족에 대한 믿음이 생긴 것이다. 나는 예수 그리스도를 나의 구원자이시며 나의 죄를 사해 주신 분으로 영접한 세월이 19년이 되었어도 아직도 하나님을 향한 믿음이 부족하다. 우리 집의 강아지 코코만도 못한 믿음인 것 같다.

예쁜 강아지 코코에게 한 가지 사건이 있었다. 코코는 우리 부부의 침대에 올라오는 것을 좋아한다. 하루는 침대에 급하게 올라오다 뒤로 벌러덩 넘어졌는데 그날부터 제대로 걷지 못했다. 등을 잔뜩 굽히고 힘겹게 며칠을 걸어 다니는 코코를 우리는 병원에 데리고 갈 돈이 없었다. 병원에 데려가 검사를 하고 치료해 주고 싶은데 병원비가 없으니 답답한 마음과 미안한 마음으로 바라보던 중 하루는 문득 이런 생각이 들었다.

'큰 무리가 따르거늘 예수께서 거기서 그들의 병을 고치
시더라' (마태복음 19:2)

'하나님이 사람과 동물, 이 땅의 모든 것을 창조하셨으며 성경
에 보면 예수님의 사역 중에 병든 자를 고치시고 죽은 자도 살리
시는데 코코도 고치시지 않을까'라는 생각이 들었다. 나는 성령
님의 감동에 순종하기로 했다. 나는 코코를 소파에 앉히고 오른
손을 머리와 등에 올리고 기도하기 시작했다. 예수 그리스도 이
름으로 명하노니 코코를 힘들게 하고 아프게 하는 등에 근육과
뼈, 인대는 모두 정상적으로 회복될지어다. 예수님, 코코를 불쌍
히 여겨 주옵소서. 코코를 창조하신 하나님! 코코에게 다시 마음
껏 뛰어놀 수 있게 은혜를 주옵소서 예수 그리스도 이름으로 명
하노니 코코가 회복될지어다. 예수 그리스도 이름으로 기도드립
니다. 아멘!

그렇게 한참을 기도하였고 코코는 잠이 들어 있었기에 편하게
눕혀 주고 늦은 밤이라서 나도 방에 들어가 잠을 자고 아침에 일
어나 보니 놀랍게도 코코는 뛰어다니고 있었고 지금까지도 코코

는 건강하게 잘 뛰어다니고 있다. 그 이후 코코에게 귓병이 있어 병원에 데리고 가서 치료 중에 엑스레이 검사를 통해 허리를 검진해 보았는데 아무 이상 없었다. 하나님은 사람만 치유하시는 하나님이 아니라 강아지도 치유하시는 하나님이시다. 예수 그리스도의 이름에 능력은 광대하시다. 그 능력의 하나님을 믿고 있는 내 안에는 언제부터 이런 믿음이 있는 걸까? 나 같은 죄인이 어떻게 이런 믿음이 있는 걸까? 이 믿음은 전적으로 하나님이 주신 선물이다. 내가 '예수 그리스도를 주로 인정하며 예수님을 영접합니다' 고백했을 때 주어진 구원의 믿음을 선물로 주신 것이다.

나는 아내와 함께 약 10개월을 사회에 나가 일하지 않고 매일 교회에 나가서 둘이서 예배를 드리던 시간이 있었다. 그 예배 시간에 나를 구원해 주신 은혜가 너무 감사해서 펑펑 울었던 기억이 있다. 어떻게 나 같은 죄인을 구원해 주셨을까? 나는 순간순간 하나님을 놓을 때도 있지만 하나님은 한 번도 나를 놓으신 적이 없다. 그래서 그 은혜에 감사하고 감격해서 나는 펑펑 울었다.

그러나 하나님은 나에게 쉽게 보이지 않으시고 꼭꼭 숨어서 언제나 나에게 믿음을 요구하신다. 그래서 때론 이 여정이 고통스럽다. 남이 보지 못한 것을 보고 남이 듣지 못한 것을 듣고 남이 믿지 못한 것을 믿는 것이 믿음이 아닐까? 어느 날 내 안에 나도 모르게 주어진 구원의 믿음이 있으니 얼마나 큰 기쁨인가. 하나님께서는 내가 믿음이길 원하시는 것이다. 나에게 질문하신다. "너는 나를 믿니? 너는 나를 믿어?" 네가 원하는 믿음 말고 네가 아는 믿음이 아니라 하나님이 원하시는 믿음, 하나님이 아시는 믿음으로 순간순간의 삶을 살아가길 원하신다. "너는 나를 믿니?" 이 질문 앞에 나는 항상 부끄럽다.

'다윗이 블레셋 사람에게 이르되 너는 칼과 창과 단창으로 내게 나와 오거니와 나는 만군의 여호와의 이름 곧 네가 모욕하는 이스라엘 군대의 하나님의 이름으로 네게 나아가노라 오늘 여호와께서 너를 내 손에 넘기시리니 내가 너를 쳐서 네 목을 베고 블레셋 군대의 시체를 오늘 공중의 새와 땅의 들짐승에게 주어 온 땅으로 이스라엘에 하나님이 계신 줄 알게 하겠고 또 여호와의 구원하심이 칼과 창에 있지 아니함을 이 무리에게 알게 하리라 전쟁은 여호와께 속한 것인즉 그가 너희를 우리 손에 넘기시리라' (사무엘상 17:45~47)

2) 은사적 믿음

나는 하루하루를 살아 가면서 어떻게 하면 세상에서 능력받고 축복받고 삶에 기적과 간증을 만들어 낼까 고민한다. 내가 아는 상식과 경험으로 내가 원하는 방법으로 세상을 살아오면서 수없이 시도하고 도전을 해 보았지만 결과는 지금 눈앞에 있는 우선의 필요를 해결하는 데까지는 가능했고, 그 이상 삶 속에서 기적과 간증은 만들어 내지 못했고 항상 거기까지였다. 그 이유가 무엇이었을까? 아마 피조물인 인간의 한계가 거기까지인 것 아닐까? 또한 사람은 영적인 존재인데 모든 문제와 일을 육적인 방법으로 바라보고 해결하려 하니 거기까지인 것 아닐까? 골리앗과 같은 이 세상의 현실은 언제나 칼과 창인 실력, 돈, 학벌, 명예, 경험, 권력 등으로 해결하려고 한다.

그러나 다윗의 선택을 보면 철저하게 영적이다. 사울왕이 주는 군복과 갑옷을 벗고 싸웠으며 손에 쥐어 준 칼을 버리고 막대기와 5개의 돌맹이를 가지고 골리앗 앞에 섰다. 세상의 방법은 분명 칼과 갑옷을 가지고 싸움에 나가는 게 상식인데 다윗은 세상의 방법을 선택하지 않고 하나님의 이름으로 싸움에 나간다.

어떻게 다윗은 이런 선택을 할 수 있었을까? 다윗은 세상의 눈으로 보면 전혀 능력이 없는 자였다. 그는 아직 어렸고 그저 양치기에 불과했으며 형들에게 무시당하는 동생이었고 누가 봐도 가능성이 없는 소년이었다. 부모로부터도 소외된 막내였다. 그러나 다윗은 골리앗을 이기고 승리를 이스라엘에 안겼다. 다윗은 양치기를 할 때도 철저하게 하나님을 신뢰했다. 사자나 곰을 상대할 때에도 하나님이 함께하셔서 그 입에서 새끼를 건져내었고 그것을 쳐죽였다고 고백한다. 하나님이 하셨음을 고백한다. 다윗은 목숨을 걸고 하나님을 믿는다. 이 믿음이 골리앗을 이긴 것이다. 다윗은 특별한 칼과 창을 선택하지 않고 막대기와 돌맹이 5개를 가지고 싸워 이겼다. 세상이 보기에는 보잘것없는 것, 무기가 될 수 없는 것으로 다윗은 승리한다.

자신이 가장 잘 사용하고 사자와 곰을 치던 자신만의 것을 가지고 싸웠다. 양을 치는 일이 아니라 사람의 목숨이 죽어 나가는 전쟁터에서 막대기와 돌맹이를 들고 나가는 다윗의 담대함은 어디로부터 온 것일까? 바로 만군의 여호와 이름이다. 다윗의 믿음이다. 다윗의 믿음은 능력으로 나타났다. 전쟁은 속전속결이 원칙인데 골리앗은 왜 사십 일을 주야를 소리치고 있었을까? 언제나 그렇듯이 하나님의 계획이었다. 다윗이 준비될 때까지, 다윗

너는 나를 믿니

이 올 때까지 하나님은 골리앗을 묶어 놓으셨다. 다윗의 믿음이 올 때까지 묶어 놓으신 것이다. 믿음이 오면 어둠은 떠난다. 믿음이 오면 승리가 따른다. 나는 언젠가부터 기도의 방향이 바뀌었다. 은혜에 감사해서 눈물을 흘리며 기도는 하지만 내 앞에 있는 문제와 현실 때문에 쩔쩔대며 기도하기보다는 이 문제와 현실을 극복할 만한 믿음을 주시라고 기도한다. 이 문제 앞에 비틀거리지 않고 이길 능력을 주시라고 기도한다. 그때마다 문제를 극복하고 넘어가는 과정을 보면서 살아 계신 하나님을 눈으로 본다. 다윗의 위대한 능력의 믿음은 믿음으로 행함이다. 다윗은 기도만 하고 있지 않았고 믿음만 가지고 있지 않았고, 하나님의 이름으로 믿음으로 행했다. 그 행함이 능력으로 나타난 것이다. 이 믿음이 은사적 믿음이다.

> '미련한 자들은 등을 가지되 기름을 가지지 아니하고 슬기 있는 자들은 그릇에 기름을 담아 등과 함께 가져더니'
> (마태복음 25:3~4)

나는 사업 부도 후에 하나님께 지속 가능한 사업을 할 수 있도록 해 주시라고 5년을 기도했다. 끊임없는 광야의 시간 속에서 간구하였다. 이 고난과 광야의 시간이 언제쯤 끝이 날까? 보이지 않았고 전혀 소망이 없었다. 내 나이는 이미 50대 중반이 되어 버렸고 가정은 회복될 기미가 전혀 없어 보였다. 그러나 오롯이 하나님 한 분만 신뢰하고 믿고 살아왔던 지난 시간이 너무 아까웠다. 여기에서 포기하면 나에게는 후회만 남을 것이고 끝까지 하나님을 믿고 간다면 반드시 간증이 남을 것이라고 다짐하고 다짐하며 부르짖어 기도했다. 먼저 회사의 상호를 위해 기도했다.

하나님께서 기도 중에 주신 회사의 상호는 SOW(Savior of wonder), '쏘우'다. 뜻은 '심다'이다. 지속 가능한 기업을 통해 하나님 나라 확장을 위해 대대로 물질로 심는다는 의미를 가지고 있지만 더 큰 의미는 '놀라운 구원자(Savior of wonder)'이다. 예수님이시다. 죄인 중의 죄인인 나를 구원하신 놀라운 구원자! 예수님을 내 평생 삶 가운데에서 잊지 않고 기억하며 자손 대대로 구원자이신 예수님을 남겨 주고 싶었다. 또한 하나님의 기업인 SOW를 평생에 잘 관리하는 청지기의 소명을 감당하고 내가 하는 게 아니라 하나님이 운영하시기에 철저하게 하나님의 경영을 내 생각이 앞서 가지 않는 것이다.

하나님으로부터 쏘우(SOW)라는 상호를 받고 바로 사업이 열린 것은 아니다. 준비하는 과정이 필요했다. 사업 부도 후 5년 동안 수감되어 있다가 수감 생활을 마치고 집에 돌아와 보니 아내와 아이들의 삶은 상상할 수 없이 엉망이었다. 아내는 혼자서 3명의 어린아이들을 양육하며 사회에 나가 돈을 벌며 지칠 대로 지쳐 있었고 아이들은 공동체 생활이 어려울 정도였다. 가장의 자리, 아빠의 자리, 남편의 자리는 정말 크다. 곁에 있을 때는 모르지만 잃어 보면 그 자리가 얼마나 큰지를 확인할 수 있다.

나는 어디에서부터 어떻게 다시 시작해야 할까? 도무지 앞이 보이지 않았다. 다섯 식구가 살 곳도 없고 돈도 없고 아무것도 없는 캄캄한 어둠과 같은 상황이었다. 사업 부도전의 삶까지는 아니어도 최소한의 삶이라도 되어야 하는데 암흑의 시간 그 자체였다. 아내는 내가 없는 동안에 기업체를 다니며 강의를 하여 아이들의 생계를 책임지고 있었다. 지방도 마다하지 않고 온 도시의 기업체를 방문하여 강의를 하고 있었다. 지방에 내려올 때는 찜질방에서 잠을 자며 하루하루 지내고 있었다. 당시 아내는 가만히 있어도 눈물이 흘렀다고 한다.

그러던 중 아내가 소속된 회사에서 경남 마산에 숙소로 원룸의 오피스텔을 임대해 주었는데, 우리 다섯 가족은 믿음으로 숙소인 원룸 오피스텔로 이사를 했다. 밥상과 밥그릇, 물컵 등은 다이소에서 1천 원짜리로 시작했다. 한 가족이 모두 함께 모여 산다는 기쁨은 아이들에게 행복이었다. 그러나 나는 또 하나의 고난의 시간이었다. 아이들의 학교를 전학시키고 원룸에서 학교를 보내고 아내는 강의를 나갔다.

　나는 수감생활을 마치고 집에 돌아올 때 공황장애가 있었다. 사람들이 모여 있는 장소에 가면 웅성거리는 소리가 너무 힘들었고 사람들 앞에 서는 것 자체가 어려웠다. 차를 타는 것도 무서웠고 신호등을 건너는 것조차도 힘들었다. 나의 상태는 그러하였지만 나는 아내와 아이들을 이대로 보고만 있을 수 없었다. 나는 사업 부도 후 재판 선고 때까지 아내가 하고 있는 강의를 잠시하여 생계를 이어 가던 경험이 있었기에 조금만 공부하면 당장이라도 강의를 할 수 있었다. 아내에게 도움을 요청하였고 공부를 하여 수감 생활 후 집에 돌아온 지 10일 만에 나는 일을 시작하였다. 하나님께 기도하였다. "이런 결국을 기대하고 믿음을 선택한 것이 아닙니다. 지금 이 순간들은 과정일 것입니다. 하나님 도와주세요! 지금 나와 우리 가정은 완전히 무너져 있습니다. 누가 봐도 희망이 없습니다. 그러나 하나님이 함께하시면 반드시 우리 가정은 회복될 것입니다. 하나님 도와주세요!" 매일 울며 부르짖었다.

　나와 아내는 최선을 다해 강의 일을 하였고 소속된 회사에서 보기에 실적이 아주 좋은 두 사람이었다. 2개월 후 나는 회사 대표를 만나 "지금 아이들과 함께 지방에 내려와 숙소인 원룸에서 생활을 하고 아이들도 전학하여 학교를 다니며 저희는 일을 하고 있습니다. 우리가 안정된 가정을 꾸릴 수 있도록 집을 옮겨 주시고 자동차도 지원해 달라"고 담대하게 요청하였다. 회사 대표님은 당장 집을 알아보라 하셨고 자동차도 지원해 주겠다고 약속하여 우리 가정은 원룸 생활 3개월 만에 방 3개가 있는 아파트로 이사를 하였다. 보증금과 관리비도 모두 회사에서 납부하기로 하였고, 자동차도 함께 받았다.

나의 하나님은 또 한 번 삶에서 기적을 행하셨다. 여호와 이레 하나님, 나의 모든 상황과 형편을 아시고 준비하시는 하나님을 만났다. 나의 상황과 형편에 매여 포기하고 주저앉아 있었다면 나와 우리 가정은 이 하나님을 만나지 못했을 것이다. 공황장애로 신음하고 운전도 힘들었지만 사람들 앞에 서는 일이 너무도 고통스러웠지만 하나님이 나와 함께하시니 나는 '오늘만 살겠노라. 오늘 죽더라도 나는 포기하지 않고 이 길을 가겠노라' 다짐하며 하나님이 맡겨 주신 어린 3명의 아이들을 잘 양육하고 사랑하는 아내를 5년 동안 고생시킨 보답을 하리라 마음으로 하루하루 살았다. 나를 먼저 사랑하신 하나님은 언제나 나의 생각과 내 머리보다 앞서 계신다. 자식이 부모의 마음을 다 알 수 없듯이 하나님의 마음은 다 알 수가 없다.

하나님은 나에게 원하심이 있었다. 이 여정에서 나는 하나님만 믿고 의지했던 것은 아니다. 여전히 내 안에 남아 있는 세상의 방법, 경험을 더 의지하고 있었고 나는 마치 자격 있는 자처럼 하나님께 '이렇게 해 주세요, 저렇게 해 주세요' 하나님을 종처럼 부려 먹고 있었다. 나는 하나님께 기도로 요구하는 것을 당연하게 여기며 살고 있었다. 이런 나와 우리 가정을 하나님은 가만두지 않으셨다.

> '사탄이 여호와께 대답하여 이르되 욥이 어찌 까닭 없이 하나님을 경외하리이까 주께서 그와 그의 집과 그의 모든 소유물을 울타리로 두르심 때문이 아니니이까 주께서 그의 손으로 하는 바를 복되게 하사 그의 소유물이 땅에 넘치게 하셨음이니이다' (욥기 1:9~10)

4.

신광야로
초대하시다

1) 우상

　하나님은 나와 우리 가정을 너무 사랑하신다. 절대 포기하지 않으시는 분이다. 하나님은 한번 선택하시면 절대 놓지 않으시는 분이다. 나와 아내는 사업 부도 전이나 내가 수용자로 광야 생활을 시작할 때까지 한 번도 싸워 본 일이 없다. 목소리 높여 서로에게 상처를 준 기억이 없다. 그래서 주위에 있는 많은 사람들에게 부러움과 질투의 대상이었다. 회사 부도 앞에서도 어떻게 저렇게 사이좋게 살 수 있을까 궁금해했고 그래서 돈을 많이 챙겨 놓았을 거라는 오해도 많이 받았다.

　우리 부부는 진심으로 많이 사랑했다. 어쩜 하나님보다 서로를 더 사랑했던 것 같다. 하나님 보시기에 우린 서로가 우상이었다. 나는 수용자 생활을 하고 있고 아내는 사회생활의 경험이 전혀없이 아이들 양육과 공부만 하며 살다가 어쩔 수 없이 아이들을 책임지기 위해 사회생활을 시작하였기에 말로 표현하기 어려울 만큼 고통스럽게 힘든 시간을 보내고 있었다.

　나에게 면회를 오기 위해 버스를 타고 3시간을 와서 7분을 면회하고 돌아갔고 매주 거의 매일을 반복된 생활을 하고 있었다.

우리는 가지고 있던 자동차 2대마저도 정리해서 부도 전 회사 운영자금으로 사용하였기에 아내는 자동차가 없었다. 당시 나는 아내가 면회를 와 줘서 많은 위로가 되었고 아내는 나를 7분이라도 보고 가면 힘을 내어 아이들을 더 잘 챙길 수 있는 힘이 생겼다고 한다. 아내는 하루하루 삶이 힘들어지기 시작했다. 어찌 여자 혼자 몸으로 아이 3명을 감당하며 서울에서 살 수 있었을까. 쉽지 않은 일이었을 것이다.

그렇게 힘든 시간 중에 기도원과 교회에서 찬양으로 섬기고 있었고 아내는 체력적으로 정신적으로나 경제적으로도 한계가 온 것이다. 그렇게 광야 생활을 2년 정도 지나서 어느 날 아내는 내게 면회를 와서 아이들과 살아가기가 너무 힘이 들어 서류상에 이혼이 되어 있으면 한 가족 부모로 정부에서 지원을 받을 수 있으니 이혼을 해 달라고 했다. 나는 이혼은 절대로 불가하니 다른 방법으로 내가 사회에 돌아갈 때까지만 기다려 달라고 했고, 수용 생활을 하다 보면 많은 사람들이 이혼하고 가정이 깨지는 모습을 보았고 후회하며 서럽게 지내는 것을 보았던 터라 나는 이혼은 불가하다고 했다. 또한 사랑하는 아내와 이혼은 상상도 할 수 없었고 하나님께 기도 응답으로 함께한 사람을 어찌 내가 스스로 헤어질 수 있을까. '이건 하나님의 방법이 아니다. 성경적이지 않다' 말하며 아내를 설득했다.

아내는 현실의 무게를 감당할 힘이 없는 것 같아 보였다. 계속되는 아내의 요구 앞에 나는 아내를 의심하게 되었고 마음에 미움과 원망이 쌓이기 시작했다. 아내도 이혼을 허락하지 않는 나의 모습에 나를 향한 미움과 원망이 쌓이기 시작했다. 우린 점점 서로에게 신뢰가 무너지고 있었다. 그렇게 아내의 요구는 계속되었다. 나는 하나님께 기도했다. "하나님 이게 뭡니까? 기도 응답으로 주신 아내를 어떻게 헤어지라 하십니까? 아내의 요구를 저는 더 이상 감당할 수 없고 아이들과 아내를 생각하면 이혼을 하는 게 맞는 것 같은데 그럼 세상의 방법을 선택한 나는 하나님을 어떻게 믿을 수 있습니까? 만약 진짜 이대로 아내와 끝나 버린다면 나는 어디로 가야 합니까? 하나님, 도와주세요" 기도했지만 하나님은 아무런 말씀이 없었다.

원래 하나님은 곤란하시면 답이 없으신 분이시고 숨어 계시는 분이다. 끝까지 믿음만을 요구하신다. 나는 최소한 3일은 금식하고 하나님께 응답을 받은 후에 결정을 하자 마음먹고 3일 금식을 하며 하나님께 기도했다. 계속해서 하나님의 뜻을 묻고 또 물었다. 3일 동안 생활 가운데 금식을 하니 교도관들도 놀라서 나를 주시하게 되었고 혹시 무슨 일이라도 발생할까 걱정을 많이 하

너는 나를 믿니

였다. 극단적인 선택이 가끔 있는 곳이라서 더 주시하고 관심을 보였다. 나는 3일 금식하며 기도 중에 '내가 아내를 진짜 사랑한다면 편안하게 해 주자. 설령 나를 떠난다 해도 하나님께 감사하고 끝까지 아이들을 잘 돌봐 주며 나를 기다린다면 그것도 감사하자. 내가 무슨 자격으로 아내의 요구 앞에 당당할 수 있을까. 난 그럴 자격이 없다'는 생각이 들었다. 3일 금식기도 후 나는 이혼서류에 사인을 하여 아내에게 보내 주었다. 내 가슴 한쪽에서는 기도 응답과 다른 또 하나의 싸앗이 자라고 있었다.

'이스라엘 자손이 그들에게 이르되 우리가 애굽 땅에서
고기 가마 곁에 앉아 있던 때와 떡을 배불리 먹던 때에
여호와의 손에 죽었더라면 좋았을 것을 너희가 이 광야
로 우리를 인도해 내어 이 온 회중이 주려 죽게 하는도다'
(출애굽기 16:3)

2) 미움과 원망

나는 수용 생활을 하는 기간 내내 나에게 이해할 수 없는 아내의 이혼 요구와 이혼서류에 사인하도록 한 아내가 미웠다. 연애할 당시부터 아내에게 얼마나 잘해 주었던가. 또 함께 살면서는 절대로 내 아내의 손에 물을 묻히지 않도록 해 주겠다 다짐하고 아내에게 집안일과 아이들 양육하는 일을 가사도우미를 통해 하였다. 아내에게는 하고 싶어 하는 공부를 하게 하였고, 많은 배려와 사랑을 다 주었는데, 어찌 삶의 무게 앞에 이혼이라는 결론을 나에게 내릴 수 있을까. 원망과 미움이 나를 계속 짓누르기 시작했다. 어디에서부터 잘못된 것일까? 아내는 왜 이런 결정을 내렸을까? 누가 이런 결정을 내리도록 아내에게 조언을 했을까? 의심이 계속 자라고 있었다. 고통스러웠다. 어느 누구에게도 말할 수 없는 내용이라서 혼자 속으로 끙끙 앓아야 하는 고통의 시간이었다.

밖에 있는 아내에게 편지를 계속 보내도 어느 날부터는 답장도 없었고 면회도 오지 않았다. 나는 숨이 막히는 시간이었고 오롯이 하나님만 바라봐야 하는 시간이었다. 사업이 부도난 일보다 더 고통스런 시간이었다. 아내는 가끔 원망과 미움으로 가득 찬 내용의 편지를 보내오곤 했다. 서러움과 원망이 더 쌓여 나는 마음을 종잡을 수 없었다. 나는 내 머리를 모두 잘라 버렸다. 면도하듯이 완전히 삭발을 하였다. 난생처음으로 삭발을 해 보았다. 머리를 자르니 주위에서 난리가 났다. 주위의 교도관들은 내가 극단적인 선택을 할까 주시하고 계속해서 나를 안정시켜 주었다. 기도도 할 수 없었다. 성경 말씀을 읽어도 은혜가 되지 않았다. 하나님 도대체 나에게 왜 이러세요. 나를 왜 이렇게 힘들게 하세요. 세상의 가장 낮은 자리로 보내서서 더 이상 내려갈 곳도 없는 이곳에 있는 나에게 무엇을 더 요구하시나요? 이 고통의 시간은 언제 끝이 날까요? 주님, 도와주세요. 제가 이 시간을 잘 감당할 수 있도록 도와주세요.

기도하면서도 내 입에서는 한숨만 나왔다. 처절한 무너트림 앞에 아무것도 할 수 없는 나, 무기력한 한 사람, 나는 과연 다시 일어설 수 있을까? 어떻게 어떤 방법으로 나는 다시 시작할 수 있을까? 나는 끝없는 질문 속으로 더 들어가고 있었다. 우울하고 웃음을 잃어버린 내 모습에 그 어느 누구도 쉽게 내 옆에 접근할 수 없는 냉대함이 흐르고 있었다. 나는 하나님과 기도로 계속 씨름을 하였다. 하나님, 왜요? 나를 왜 이런 고통 속으로 몰고 가시나요? 도대체 나에게 원하시는게 또 있나요? 나는 끊임없이 눈에 보이는 것들만 묻고 있었다. 그러던 어느 날 문득 이런 생각이 들었다. 내가 하나님을 믿긴 믿는 걸까? 내가 하나님을 믿는 것 맞아? 하나님을 믿는다면 어찌 이 시련 앞에 비틀거리고 있는가? 욥의 결국을 성경에서 보았고 지금까지 나를 인도하신 하나님이신데 나에게 하나님을 향한 믿음이 이렇게 없었구나, 회개하기 시작했다. 그래, 이 시간과 사건들을 하나님이 시작하셨으니 결국도 하나님이 책임지실 거야. 나의 믿음을 보이자. 결국의 하나님을 믿자! 힘을 내자! 이 시련 앞에 무너진다면 내가 하나님을 만날 수 없을 거야. 이 사건과 환경을 통해 내 믿음을 더 굳건히 하고 오직 하나님 한 분만 바라보자! 믿음을 선택하자! 결심하고 결심했다.

새로운 믿음의 결단 앞에 나는 힘을 얻었고 예전의 모습으로 조금씩 회복되기 시작하였다. 이토록 하나님보다 더 사랑하는 아내와 나는 철저하게 깨어지고 점검을 받았다. 우상은 아주 가까이 숨어 있었던 것이다. 아내와 나는 인식하지 못하고 사랑하는 것이 당연한 것이라고 자랑하고 살았던 것이다. 누가 알았으랴. 아내가 나의 우상이었다는 것을. 하나님은 그 누구보다도 당신을 사랑하길 원하신다.

3) 하나님의 때

나는 하나님의 처절한 요구 앞에 완전히 무너지고 내 안에 있던 마지막 자존심과 애착까지도 점검을 받고 오직 하나님만 섬기고 믿음으로 살아가겠다고 고백하며 하루하루를 지내오던 중 직원들이 이제 집에 갈 때가 되지 않았느냐고 물어 오기 시작했다. 나는 벌써 시간이 그렇게 되었느냐고 반문을 하고 있었다. 예전에는 하루라도 빨리 이곳에서 나가게 해 달라고 기도했고 부탁도 해 보았다. 그런데 하나님 앞에 철저하게 무너진 나는 꿈에 그리던 가석방에도 덤덤하였다.

물론 가석방에 대한 얘기가 있는 일은 기쁜 일이다. 하루라도 그토록 보고 싶고 안아 주고 싶은 가족들에게 돌아갈 기회이니 얼마나 기쁜 일인가. 그러나 나는 큰 의미가 없었다. 하나님 한 분에게 소망이 있었고, 나를 분명 가장 선하신 방법으로 이끄실 것이기에 조급할 것도, 애타게 서두를 것도 없었다. 그렇게 시간이 흘러 나는 3.1일절특사로 가석방되어 꿈에도 그리던 가족의 품에 돌아왔다. 출소하는 날 아내는 정문 앞에 와서 나를 기다리고 있었다. 뛰어와 나를 안으며 고생했다고 많이 기다렸다고 울며 말했다. 나는 아내에게 무슨 말부터 해야 할까 망설이다 "미안하다. 정말 미안해. 당신 고생시켜 미안해" 말하며 꼬옥 안아 주었다.

아내와 함께 옛 추억이 있는 장소에 가서 식사를 마치고 함께 있는 중에 아내가 많이 불안해 보였다. 기쁨과 불안함이 함께 있어 보였다. 이유가 궁금하여 물어보았다. 아내는 오늘 새벽 경남 마산에서 출발하여 겨우 시간을 맞춰 도착했고 남편이 집에 돌아오면 무엇인가 많은 것을 준비해 놓으려 했는데 아무것도 준비하지 못하고 지금 자신이 가지고 있는 돈이 없다고 울먹였다. 나는 아내가 너무도 안쓰럽고 불쌍했다.

어쩌다가 내가 아내를 이렇게 고생을 시켰단 말인가. 나는 아내를 진정시켰다. 그동안 수용 생활하면서 직원들의 이발을 하게 되면 매월 급여를 받았다. 월 1만 8천 원에서 2만 원 사이를 받았다. 나는 그 돈을 모아 78만 원을 가지고 나왔다. 아내에게 걱정하지 마라 말하며 '이제 내가 왔고 당신과 내가 다시 시작하면 된다. 걱정하지 마라. 이제 혼자가 아니니 걱정하지 말라'고 했다. 아내에게 78만 원에 담긴 내용을 설명해 주니 어떻게 이 돈을 사용할 수 있겠느냐며 나에게 다시 돌려주었지만 나는 아내에게 '이 돈으로 다시 시작해 보자. 우리가 이 돈이라도 있으

너는 나를 믿니

니 얼마나 감사하냐' 말을 했지만 내 가슴속에서는 피눈물이 흐르고 있었다. 어찌 이토록 처절하게 무너질 수 있단 말인가. 하나님이 우리 가정을 무엇으로 어떻게 쓰실려고 이토록 철저히 무너트리실까?

내 마음은 새로운 고뇌가 시작되었다. 나는 아이들이 있는 처가에 갈 명분도, 염치도 없었다. 그래서 아내와 함께 4일을 처가집 주변을 맴돌며 있었을 때 장인어른께서 집으로 들어오라고 하셔서 우린 처가에 들어갔고 나는 장인어른과 장모님께 무릎 꿇어 사죄드리고 용서를 구했다.

"제가 너무도 큰 죄를 졌고, 두 분께 아이들을 맡겨 너무 고생하시게 했고, 그동안 아이들을 잘 키워 주셔서 감사합니다" 인사를 드렸다. 내 아이들을 만나서 나는 가슴이 벅찼고 하염없이 울었다. 미안했고 사랑하는 내 아이들을 마음껏 안아 줄 수 있어서 감사했다. 하나님이 예비하신 때에 나는 가족의 품으로 돌아왔고 다시 만난 우리 가족은 꿈속에 있는 듯 믿기지 않았고 아이들은 서로에게 우리 아빠가 진짜 돌아온 것이 맞느냐며 기쁨을 함께 나눴다.

수용 생활 4년 6개월은 정말 긴 시간이었다. 우리 가족은 많은 변화가 있었고 아이들은 부쩍 성장해 있었다. 하나님은 나를 믿음이 아니면 안 되는 사람으로 철저하게 하나님만 바라보아야 하는 사람으로, 하나님의 은혜가 아니면 아무것도 아닌 나로 만드신 후 가족의 품으로 돌려보내 주셨다.

5.

각자의
영적 흐름

우리 가족은 오랫동안 남편과 아내가, 아빠와 아이들이 떨어져 살다 보니 각자가 옳은 대로 각자의 소견대로 살아가는 것이 익숙해져 있었다. 어디에서부터 어떻게 다시 시작하여야 할까. 우린 집도 없고, 돈도 없고, 생활 필수품도 없고, 그야말로 아무것도 가진 게 없는 빈털터리였다. 각자 상처만 가득 안고 있는 상태였고 만지기만 해도 금방이라도 터질 것만 같은 풍선처럼 상처로 상처들로 똘똘 뭉쳐져 있었다.

"하나님, 나와 우리 가정은 이제 어떻게 해야 할까요? 나에게 남은 건 오직 하나님 한 분뿐이네요 그러나 현실은 너무 막막합니다. 하나님, 도와주세요. 우리 가정을 살려 주세요."

기도하고 또 기도했다. 아내와 아이들이 너무 불쌍하여 울분이 솟았다. 내가 얼마나 못났으면 아내와 아이들을 이 지경으로 만들어 놓았을까? 내가 진정 하나님을 제대로 믿고 있는 걸까? 그토록 하나님 한 분만을 믿고 의지하고 살아온 결과가 이런 건가. 난 혼란의 연속이었다. 공황장애가 있어 사람들이 모이는 장소에는 갈 수도 없고, 자동차를 타는 것도 속도감 때문에 무서웠기에 힘겨웠다.

'이 상태로 계속해서 세상을 바라보고 있는다면 난 반드시 무너질 것이다. 지금까지 그랬듯이 결국의 하나님을 바라보자. 더이상 내려갈 곳이 없으니 이제 올라갈 일만 남았다. 난 혼자가 아니라 하나님이 언제나 나와 함께하시고 사랑하는 아내와 아이들이 있으니 아내와 함께 힘을 내 보자! 뭐라도 다시 시작해 보자! 하나님이 예비하신 그것이 무엇인지 내가 꼭 보고 말리라. 정신을 차리자' 다짐을 하며 나는 무엇을 해야 할지 아내와 상의하기 시작했다.

내가 이대로 마귀에게 넘어가면 난 반드시 알코올중독이 되든지, 노숙자의 길을 가게 될 것이며 세상적 폐인의 삶을 살게 될 것이 확실했다. 마귀들, 너희는 내가 무너지길 바라고 좋아할 것인데 난 너희에게 넘어가지 않으리라. 내가 마귀에게 넘어간다면 가장 탄식하실 분이 나의 하나님이시고, 사랑하는 아내와 아이들 그리고 양가 부모님은 무슨 낯으로 볼 수 있을까? 너희 마귀들에게 넘어가느니 차라리 끝까지 하나님을 선택하다 죽으리라 마음을 굳게 하였다.

'그러하온즉 우리 하나님이여 지금 주의 종의 기도와 간구를 들으시고 주를 위하여 주의 얼굴 빛을 주의 황폐한 성소에 비추시옵소서 나의 하나님이여 귀를 기울여 들으시며 눈을 떠서 우리의 황폐한 상황과 주의 이름으로 일컫는 성을 보옵소서 우리가 주 앞에 간구하옵는 것은 우리의 공의를 의지하여 하는 것이 아니요 주의 큰 긍휼을 의지하여 함이니이다'(다니엘 9:17~18)

나는 끊임없이 하나님께 기도했다. 하나님, 내게 이 현실을 이겨 낼 힘을 주옵소서. 나를 불쌍히 여겨 주옵소서. 나를 도와주옵소서. 내 힘으로는 도저히 아무것도 할 수 없는 이 현실을 도와주옵소서. 어찌하여야 할까요. 하나님, 내가 어찌하여야 할까요?

1) 나와 아내의 영적 흐름

나는 하나님을 믿고 있으면서 한편으로는 아내를 향한 원망과 미움이 남아 있었다. 자유롭게 만날 수도, 볼 수 없고, 말할 수 없는 곳에 있을 때 이혼을 요구한 것에 대해 난 여전히 다 이해되지 않았고 내 속에는 분노가 있었다. 현재 가정과 삶의 환경은 죽을 것같이 답답하고 힘든 상황이며, 그토록 보고 싶은 사람인 아내이지만 나에게는 아내를 향한 미움과 원망이 크게 자리 잡고 있었다.

내 마음 한쪽에서 계속 자라나고 있고 해결되지 않는 이 문제를 그대로 안고 나는 아내와 함께 가정을 위해, 아이들을 위해 강의 일을 하기 시작하였다. 나는 아내보다 더 최선을 다해야만 했다. 공황장애가 있는 상태에서 사람 앞에 선다는 건 엄청난 고통의 시간이었다. 그러나 그런 생각은 사치에 불과했다. 아내와 아이들을 위해서 다시 가정을 회복하기 위해서는 나의 고통쯤은 고통으로 여길 수가 없었다. 아내도 최선을 다해 일을 하였다. 참 고마운 사람이다. 우린 그렇게 하루하루를 보내다 마산에 있는 원룸에서 아이들과 함께 지내게 되었고 3개월 후 방 3개가 있는 아파트로 이사를 하게 되었다.

  원룸에서부터 나와 아내는 싸움이 시작되었다. 그동안 오랫동
안 떨어져 있는 사이에 각자의 가치관이 완고하게 자리 잡고 있
었으며 예전처럼 대화가 되지 않았고 서로의 의견이 앞서 있었
다. 아내와 난 거의 매일 싸웠다. 예전에는 한 방향을 바라보고
한 목소리로 말하고 서로 존중하며 대화를 했는데 우린 서로 각
자였다. 서로에게 신뢰가 없었다. 아주 작은 이유로도 싸움의 연
속이었고 하루하루 우린 만남의 기쁨을 누리는 것보다 싸움이
생활이 되었다. 아이들은 불안해하기 시작하였고 집안은 눈물바
다가 되었다. 내가 아내에 대한 신뢰가 없다 보니 모든 것이 맘에
들지 않았고 아내 또한 이런 남편이 미웠고 자신을 5년이나 고생
시키고 와서 어떻게 이렇게 할 수 있나 원망과 미움이 쌓여 가고
있었다. 우리의 싸움은 나날이 더 심해졌고 선을 넘어선 싸움이
었다. 아이들의 양육 방식에서도 많은 차이가 있었다.

  그 기간에도 하고 있는 강의 일은 신기하게도 너무 잘되었다.
하나님의 은혜 가운데 너무 잘되어 소속 회사에서는 인정을 받았
고 수입도 많았다. 이제 아내는 일을 안 해도 되겠다 싶어 아파트
로 이사를 한 후 아내에게 아이들의 양육을 맡아 달라고 했다. 그
동안 부모의 사랑을 제대로 받아 보지 못한 아이들이라서 부모와

관계가 어떤 것인지를 알지 못했고 학교 공동체에서도 문제가 아주 많았다. 더 이상 이대로 놓아두면 아이들이 엉망이 될 것 같아 아내에게 일을 그만둘 것을 권면했다. 그 후 난 하루에 500km 이상을 운전하며 매일 강의를 다녔고 집에 돌아오면 밤마다 싸움이었다. 그 이유를 알지 못했다. 싸우고 나면 후회가 되어 하나님께 회개하며 혼자 통곡하기를 계속 반복했다. 급기야 싸움이 선을 넘어서 우린 격하게 싸움을 하였고 집에 경찰을 불러 경찰이 와서 진정시키는 일도 수차례였다. 얼마나 창피하고 초라한 모습인가. 아이들이 받은 상처는 말로 다할 수가 없다.

나는 매일 차를 운전하고 나가면 이동 중에 눈물로 눈물로 부르짖어 기도했다. 하나님, 이게 뭐냐? 내 삶이 이게 뭐냐? 차라리 사업 부도 때 나를 데려가시지 어찌 이토록 나를 힘들게 힘들게 하십니까? 도대체 나에게 왜 이렇게 힘든 시간을 주십니까? 통곡의 기도를 하며 다녔다. 그리고 집에 오면 어떨 땐 아내가 먼저 싸움을 시작했다. 때론 아이들 양육 문제로 또 싸움이 시작되기를 계속 반복하고 있었다.

그렇게 1년 6개월이 지나고 우린 대구로 이사를 했다. 소속된 회사의 대표가 마산으로 3번을 찾아와 대구 경북, 경남 부산 전 지역을 맡아 경상본부장으로 본부를 관리해 달라는 요청이 있었고 대구에 본부사무실이 있으니 대구로 이사를 해 달라고 계속된 요청이 있었다. 나는 아내와 상의하여 대구로 이사를 하였다. 더 넓고 좋은 곳으로 이사를 했다. 방 4개에 50평 주상복합이었다. 이사 후 아내와 아이들은 너무 행복해했고 나도 그런 아이들과 아내의 모습을 보고 기뻤다. 하나님의 은혜가 아니면 어찌 이렇게 빠르게 이런 삶을 다시 할 수 있을까 감사했다.

그러나 그 기쁨도 잠시였다. 아내와 난 또 싸움이 시작되었다. 하루하루가 지옥과 같은 삶이었다. 난 매일 운전하며 회개를 하지만 좀처럼 내 마음속에 있는 분노, 미움이 해결되지 않았다. 세상적으로 보이는 삶은 점점 윤택해지는 것 같은데 영적으로는 무너져 가고 있었다. 나는 이 영적인 부분을 전혀 생각하지 못했다. 오직 내 안에 있는 분노가 폭발하고 있었고 아내에 대한 미움 때문이라고만 생각했다. 이런 삶을 계속 이어 가고 있던 중 회사 대표의 마음에 변심이 생겼다. 처음 약속과 다르게 경상본부를 운영하기 시작했다. 본부를 운영할 수 있는 자금을 전혀 지원하지 않아서 내 자금으로 본부 사무실를 운영해야 했다. 몇 개월을 나의 자금으로 본부 사무실를 운영하다 나는 도저히 감당할 수 없으니 다른 사람에게 맡겨 본부를 운영하시라 요청하였고 내려놓았다. 당시 나는 매일 대구에서 경남 전 지역으로, 부산으로,

거제로 강의를 왔다. 장거리 운전에 지쳐서 도저히 더 이상 대구에서 다니지 못할 것 같았다. 아내에게 이런 사정을 이야기하고 부산 쪽으로 다시 이사를 하자 권면하였고 이젠 회사의 지원을 받지 않고 우리 능력으로 이사를 하고 싶었다. 우리는 그렇게 대구에서 1년 6개월을 살고 부산 신항으로 이사를 했다.

'롯이 아브람을 떠난 후에 여호와께서 아브람에게 이르시되 너는 눈을 들어 너 있는 곳에서 북쪽과 남쪽 그리고 동쪽과 서쪽을 바라보라 보이는 땅을 내가 너와 네 자손에게 주리니 영원히 이르리라' (창세기 13:14~15)

아내와 나는 신용불량자였다. 나는 사업 부도로 신용불자가 되었고 아내는 내가 없는 동안 혼신의 힘을 다해 살아오다 결국에는 신용불량자가 되어 있었다. 우린 이사하여 살아갈 집을 얻을 경제적 능력이 전혀 없었다. 누구에게 돈을 빌릴 수도 없었고 대출은 생각도 할 수 없었다. 아내는 대구에서 살고 있을 때 신용회복을 신청한 상태였다. 앞이 캄캄한 상태로 나는 하나님께 기도했다. "하나님, 지금 나의 사정을 한번 보세요. 아이들과 이사를 해야 하는데 돈이 없네요 우리 가정의 능력으로는 아무 곳도 갈 수가 없네요 하나님이 도와주세요. 하나님, 나와 우리 가정을 불쌍히 여겨 주세요" 기도하며 강의를 계속 다녔다. 그러던 어느 날 아내는 당신이 이사를 하고자 하는 곳이 어딘지 가서 보기나 하자 하여 나는 아내와 함께 부산으로 향했다. 그날 우린 집만 구경하고 대구로 돌아왔다. 아파트를 계약할 계약금과 보증금이 없으니 우린 어느 것 하나 할 수가 없었다. 그동안 3년을 하나님의 은혜로 소속된 회사에서 아파트를 임대해 주어 살았기에 우린 가구와 생활용품 외에는 돈이 없었다. 아내는 "이런 곳이 있네요. 현재 살고 있는 대구보다 편의 시설이나 문화적 시설 등 모든 것이 차이가 많이 있어 불편하겠지만 당신이 지금 하고 있는 강의 일하면서 살기에는 나쁘지 않겠다"고 말하며 "그러나 우리에겐 계약금과 보증금이 없잖아요. 그동안 회사에서 집을 임대해 주어 살았는데 우리가 이곳으로 이사하려면 엄청난 돈이 있어야 하는데 우리에게는 그 돈이 없잖아요"라고 말했을 때 난 가슴이 무너질 듯이 아팠다.

'내가 이렇게 무능한 사람이었구나. 아내와 아이들이 맘 놓고 살 수 있는 집 하나도 구할 수 없는 아주 무능한 사람이었구나' 생각하며 대구로 향하여 운전하는 나에게 아내는 당신이 이렇게 먼 길을 매일 다니는지 몰랐다며 "왜 말 안 했어. 당신 너무 힘들었을 것 같다"며 나를 위로했다. 나는 아내에게 말했다.

"여보, 나는 당신과 아이들을 위해서라면 이렇게 장거리를 다니면서 일을 해도 괜찮고 힘들지 않아. 다만 당신과 매일 싸우는 것 때문에 죽을 것같이 힘이 들어. 우리 어쩌다 이렇게 되었을까? 우린 왜 이렇게 병들어 버렸을까? 당신과 내가 얼마나 사랑했는지, 또 지금도 난 여전히 그 사랑에는 변함이 없는데 왜 이렇게 매일 이런 모습으로 살고 있을까?"

아내와 난 대화를 했지만 우린 결론 없이 집으로 돌아왔고 그후에도 계속된 부부 싸움의 연속이었다. 어느덧 우리의 싸움은 3년이 넘어가고 있었다. 우린 싸울 때마다 이혼을 언급하며 준비하자 말하였고 아이들은 또다시 가족이 헤어진다는 불안감 때문에 엉망이 되어 가고 있었다. 나는 알지 못했다. 내가 영적으로 얼마나 병들어 있고 내가 철저하게 무너져 가고 있었는지 알지 못했다. 나와 아내가 마음 깊숙이 가지고 있는 미움과 원망으로 신뢰 없는 부부 사이가 되었고, 아이들에게는 가정이 깨질 수 있다는 불안감 때문에 정서적으로 상처를 주고 있음을 알지 못했고, 우리 가정은 분명 무너져 가고 있었다. 이렇게 아내와 나 아이들까지 모두 병들어 가고 있었다.

'또 아비들아 너희 자녀를 노엽게 하지 말고 오직 주의 교양과 훈계로 양육하라'(에베소서 6:4)

너는 나를 믿니

2) 자녀들의 영적 흐름

나는 마지막 재판 선고가 있는 날 집을 나서기 전에 아이들을 한 명씩 꼬옥 안아 주었다. 속에서 울컥 눈물이 쏟아져 나왔지만 눈물을 보일 수 없었다. 3살, 5살, 7살 된 어린 아이들을 놓고 나오려니 발걸음이 떨어지지 않았다. 지금도 난 그날을 생각하면 가슴이 먹먹해지고 아이들에게 너무 미안하다.

내가 사업 부도 이후 집을 떠나 있는 사이에 아이들은 성장하면서 수많은 아픈 일들을 겪었다. 세 아이 모두 유치원과 학교에서 아빠 없는 아이라고 놀림을 당하고 왕따를 당했으며 심지어 폭행도 당했다. 큰딸은 친구 같던 아빠가 갑자기 사라져 큰 충격을 받았고, 그때부터 힘든 외로움과 그리움의 싸움을 혼자 하고 있었다. 초등학교에 들어가서 같은 반 아이들의 놀림과 폭행에 상처를 받았고 그로 인해 큰딸은 폭력적으로 변하였고 이기적이고 반항적인 아이로 성장해 있었다. 또한 아빠에 대한 그리움이 너무 커서 깊은 상처가 되었다. 아빠가 보고 싶을 때면 아빠 옷이 있는 옷장에 들어가 아빠의 향수 냄새를 맡으며 나오지 않았다고 한다. 그 소리를 듣고 많은 눈물을 흘리며 기도했던 기억이 있다. 아빠를 하루라도 빨리 돌아오게 해 달라고 어린아이가 혼자 다니엘 기도를 하루도 빠지지 않고 다니며 울며불며 했다고 한다. 나도 너무 보고 싶은 딸이었는데 딸아이도 무척이나 아빠가 그리웠던 모양이다.

큰딸 아이는 기나긴 그리움에 분노가 자라기 시작했고 학폭과 왕따로 인해 누구도 신뢰하지 않는 성향의 아이로 변해 있었다. 아빠가 돌아와서 너무 기쁜데 그 기쁨을 어떻게 표현해야 하는지 몰랐고 오히려 반항적으로 표현하기 시작했다. 아빠가 없어서 당한 일들로 인해 아빠가 미웠던 것이다. 나도 큰아이가 너무 보고 싶었고 그리웠는데 막상 돌아와 보니 내 생각과 다르게 성장해 있는 아이의 모습에 충격을 받았고 어떻게 아이에게 다가가야 할지 몰랐다. 예전과 같지 않은 아빠와 딸의 관계, 서먹서먹한 사이로 사랑하지만 표현되지 않는 사랑이었다. 학교 공동체에서도 친구들과 싫게 사귈 수 없고 자기주장이 강한 아이로 성장해 있어서 공동체 생활도 엉망이었다.

둘째 딸은 내가 없는 사이에 자폐성 발달장애 2급으로 진단되어 힘든 시간을 보내고 있었으며, 유치원에서 많은 왕따를 당했고 아빠가 너무 보고 싶었다고 울며 말했다. 처음 둘째 딸아이의 소식을 듣고 하늘이 무너지는 듯한 아픔과 함께 이 소식을 어떻

너는 나를 믿니

게 받아들여야 할지 괴로웠다. 아내 혼자서 이 일들을 다 감당할 수 있을까 걱정과 염려가 되었지만 나는 하나님께 기도 외에는 아무것도 할 수 없었기에 "하나님, 우리 둘째 딸 아이의 일은 또 무엇입니까? 참으로 감당하기 어려운 일들만 저희에게 주시네요 어찌해야 할까요?" 기도할 때 하나님은 이런 감동을 주셨다. "둘째 딸 아이는 나의 기쁨이고 내 사랑하는 딸이란다. 내가 너희 가정에 그 딸을 보낸 것은 너와 아내가 가장 잘 키우고 돌볼 수 있기 때문이다. 그 아이는 회복할 아이란다. 잠시 늦는 것이란다. 나의 영광을 위해 쓰임받을 아이란다. 잘 키워 다오" 말씀하셨다. 우리 가정에 예수님을 보내 주셨구나 생각했다.

나와 아내는 지금도 둘째 딸아이를 장애아이로 인정하지 않는다. 양육 방식도 세 아이 똑같이 한다. 차별을 하지 않는다. 다만 혼자서 할 수 없는 부분만 도와준다. 조금 늦는 것이기에 기다려 주고 있다. 아내 혼자서 이 일을 감당해 내느라 얼마나 고통스러웠을까. 참 고마운 사람이고 훌륭한 사람이다.

나는 둘째와 대화를 많이 하려고 노력한다. 답답하고 부족하지만 대화가 필요한 딸이다. 아빠가 갑자기 없어져 버린 충격으로 인해 잠시 말문이 닫힌 것이라 생각한다. 그래서 더 미안하고 가슴이 아프다. 막내아들은 정말 천방지축이다. 외할아버지와

할머니 손에 자라다 보니 안쓰러워 사랑으로, 사랑으로 키우셨기에 사랑만 많이 받았다. 절제를 배우지 못해 무조건 자기 소견에 옳은 대로인 아이로 성장해 있었다. 유치원에서 학교에서 왕따와 폭행을 당하여 상처가 많이 쌓여 있었고 학교 생활은 엉망이었다. 수업 시간에도 교실에서 나와 혼자 학교를 돌아다녔고 교감, 교장 선생님께서는 막내아들을 찾아 온 학교 교정을 다니셨고 학교에서는 아이를 찾는 방송이 수시로 있었다. 내가 집에 돌아온 그해 막내아들은 초등학교 2학년이었는데 그때까지도 한글을 모르고 있었다.

'어디서부터 이 아이를 가르쳐야 할까? 무엇부터 해야 할까?' 생각하던 중에 아이에게 한글부터 가르쳐야 겠다는 감동이 있어 아들에게 한글을 가르치기 시작하였다. 막내아들이 3살 되던 해에 아빠와 헤어진 아들은 아빠의 기억이 없었다. 아빠에 대한 신뢰가 전혀 없었다. 그동안 유치원과 학교에서 받은 상처들이 있어서 누구도 신뢰하지 않으려 했다. 아빠가 집에 돌아와 갑자기 자기를 가르치려 하니 아이는 많이 당황하고 놀랬던 모양이다. 나는 급한 마음에 아이에게 강압적인 방법으로 공부를 가르쳤고 매일 전쟁과 같은 시간을 보냈다. 이렇게 우리 가정은 나와 아내, 아이들과 아빠, 엄마와 아이들 모두 각자의 소견대로 자기가 옳

너는 나를 믿니

은 대로 자기만의 영적 기류에 있었다.

　사탄은 이렇게 가정을 파괴한다. 나는 영적으로 더 깨어 있었어야 했다. 그러나 현재 내 앞에 놓인 우리 가정의 모습은 처참했다. 어느 것 하나 제대로라고 할 수 있는 게 하나도 없었고 가망이 없어 보였다. '영적으로 하나만 된다면 금방 회복이 될 텐데'라는 생각이 있었지만 당장 눈앞에 보이는 막막한 상황에 나는 마음만 급하게 하루하루 살게 되었고 아내와 나는 매일 싸우고 아이들을 사랑으로 키우기보다는 아이들이 현실에 빨리 적응하게 해 주어야 한다는 강박에 물리적인 힘을 가해 아이들과 사이는 점점 멀어지고 있었다. 나는 매일 운전을 하면서 통곡으로 하나님께 기도했다. 하나님 이게 뭡니까? 우리 가정의 현실 보세요 어느 것 하나 제대로인 것 없고 앞이 캄캄합니다. 나와 우리 가정은 어찌해야 할까요? 우리 아이들과 아내를 불쌍히 여겨 주옵소서. 제발 도와주세요. 통곡으로 3년을 기도하며 다녔고 거의 매일 아내와는 싸웠다. 나와 아내는 오랜 싸움으로 인하여 지치고 지쳐서 이혼을 선택해야 했다.

　　'대저 의인은 일곱 번 넘어질지라도 다시 일어나려니와
　　악인은 재앙으로 말미암아 엎드러지느니라'(잠언 24:16)

3) 이사를 하다

우리는 희망이 없는 가정의 모습으로 대구에서 살고 있었고 온통 상처로 똘똘 뭉쳐져 각자의 소견대로 교회는 나가고 있었다. 하나님을 향한 믿음보다는 습관적으로 주일이 되면 교회를 다니고 있었다. 예배 후 교회에서 나오면서부터 싸움이 시작되는 일도 빈번하였다.

난 매일 경남과 부산으로 거제로 일을 왔기에 먼 장거리 운전에 체력의 한계와 정신적 한계를 느끼고 있었다. 나는 아내와 상의하여 내가 이사하고자 했던 곳에 가서 다시 한 번 보고 오기를 권면하였고, 우린 함께 이사할 집을 알아보기 위해 부산 신항으로 향했다. 여전히 우린 아파트를 임대할 자금은 없었다 그러나 성령님의 강한 인도하심이 있었기에 발걸음을 향했고 아내와 난 아파트를 구경하고 대구로 출발하려고 차를 탔을 때 멀리에서 어떤 남자분이 우리를 향해 뛰어왔다. 아파트를 얻으려 오셨느냐며 우리에게 전세대출을 받을 것을 안내하였지만 우린 신용불량이라서 할 수 없다고 말하였다. 그분은 우리에게 그럼 인적사항이라도 주시면 알아보고 연락을 주겠다 하여 아내의 신원 정보를 주었고 우린 전혀 기대를 하지 않았다. 아내와 난 괜한 희망 고문만 당하는 거라 말하며 대구로 향했다.

그런데 마음 한쪽에서 이런 감동이 있었다. 성령님의 강한 이끄심으로 왔고 우리가 그 남자분을 찾아가 억지로 부탁한 것도 아닌데 그분이 먼저 달려와서 대출의 가능 여부를 알아봐 주겠다 하니 이 또한 하나님의 이끄심이 아닐까 하는 생각이 강하게 밀려왔고 아내와 나는 이런 대화를 나누며 대구로 돌아왔다. 그 남자분의 소식은 처음부터 기대가 없었기에 평소처럼 1주일을 운전하며 기도하며 다니고 있었을 때 한 통의 전화가 왔다. 그 남자분이었다. 아내 이름으로 대출이 가능하니 아파트를 임대할 수 있을 거라는 기적 같은 전화였다. 어떻게 이게 가능할까. 정말 가능하느냐고 계속해서 물었다. 1금융권은 아니지만, 1금융보다 이자는 좀 높아도 대출은 가능하다는 연락을 금융회사로부터 받았으니 진행하실 거면 신속한 답변을 주시라 했다.

나는 이 기적 같은 소식을 듣고 "하나님, 감사합니다. 내가 통곡할 때 나의 기도를 들으시고 내가 운전대를 두드리며 부르짖을 때 나의 기도를 들으셨네요. 그렇게도 3년을 꼭꼭 숨어 계시더니 이렇게 응답을 하시네요. 감사합니다. 하나님, 여전히 나와 함께하시는 하나님, 감사합니다." 감사 기도를 드리고 아내에게

이 소식을 전하니 어떻게 이런 일이 가능하냐며 기뻐했고 아내
는 계속 울었다. 우리의 소유는 아니지만 임대 아파트라도 우리
이름으로 계약을 하고 살 수 있으니 얼마나 큰 기쁨인가. 아내와
난 함께 기쁨을 나누며 하나님께 감사드리고 기뻐했다. 아내와
나는 이혼을 계획하고 있었지만 아파트 전세대출이 가능해진 사
건은 우리 가정에 큰 변화를 가져왔고 우린 이렇게 하나님의 은
혜로 부산 신항으로 이사를 했다.

4) 결단

세상적으로 보이는 기쁨은 언제나 길어야 6개월을 넘기지 못한다. 새로운 곳에 새로운 집으로 이사를 하고 기쁨도 잠시 우리 가정은 아직 회복되지 않은 상처들과 각자 옳은 대로, 각자 소견대로 살아가다 보니 아내와 난 계속해서 싸움이 시작되었고 아이들은 매일 불안한 하루하루를 살아가고 있었다.

계속된 싸움으로 우리 가정은 희망이 없었다. 그야말로 상상할 수 없는 상태였다. 책이나 드라마에서 봐왔던 가망이 없는 가정의 모습이었다. 아이들은 학교에 전학을 와 서먹서먹한 학교생활과 집에서의 불안함을 같이 겪고 있었다. 나는 무엇인가 결단을 해야 했다. 이혼을 하든지, 모든 것을 처음부터 다시 시작하든지. 매일 하나님께 기도했다.

"하나님, 이대로는 도저히 살 수가 없네요 제가 선택할 수 있는 방법은 두 가지네요. 첫 번째는 아내와 이혼을 하는 것과 두 번째는 모든 것을 처음으로 돌아가 온 가족이 하나님만 바라보고 살아가는 것입니다. 이혼을 하자니 하나님께 기도하여 다시 만난 아내, 5년을 혼자 힘들게 고생시킨 아내, 그 후 3년 8개월째 싸우고 있는 아내가 불쌍하여 헤어질 수가 없네요. 이혼을 한다면 이 불쌍한 아이들은 어떻게 합니까. 또 아빠 없는 아이들이라고 놀림의 대상이 되어 더 많은 상처를 받으며 자라게 될 텐데 이 아이들은 어찌합니까. 하나님, 그래서 저는 아내와 이혼은 할 수 없습니다. 온전히 우리 가정이 하나님만 바라보며 살아가길 원합니다.

그렇다면 제가 지금 하고 있는 강의를 하기 위해서는 자동차가 필요하고, 집에는 아내의 자동차가 있는데 저와 아내의 자동차를 모두 없어지게 해 주세요. 저희에게 있는 2대의 자동차가 없어진다면 하나님의 응답으로 알고 순종하겠습니다."

나는 계속해서 8개월을 기도했다. 그렇게 8개월 되던 때에 아내와 난 아내의 자동차를 중고차 시장에 팔게 되었고 내가 타고 다니던 자동차는 소속 회사에서 준비해 준 자동차이었기에 다니던 회사를 그만두면서 반납하였다.

1개월 반 사이에 일어난 일이다. 아내는 걱정을 많이 하였고 아이들도 우린 이제 자동차가 없는 거냐고 했지만 난 기뻤다. 8개월 동안 기도했던 응답이었기에 기뻤다. 자동차를 반납하고 난 아내에게 말했다.

"여보, 나와 당신이 사랑하는 건 맞는데 우리가 3년 8개월을 싸웠고 서로에게 말로 표현할 수 없는 상처를 많이 주었어. 그리고

너는 나를 믿니

아이들 가슴에는 핵 폭탄과 같은 너무도 큰 상처들을 준 것 같아. 그래서 하나님께 내가 기도하기를 집에 있는 당신 자동차와 내가 타고 있는 자동차를 없애 달라 했어. 그래야 내가 일을 안 할 수 있더라고. 당신과 나는 이혼을 하든지 아니면 하나님 앞에 무릎 꿇고 모든 것을 다 내려놓고 처음으로 돌아가 다시 시작하든지 선택을 할 수 있겠더라고. 그래서 하나님께서 우리가 타고 있던 자동차를 모두 없애 주셨기에 나는 내일부터 강의를 나가지 않을 거야."

이렇게 말할 때 아내의 표정이 밝지 않았다. 아마도 현재 생활비가 다음 달까지 사용하고 나면 없다는 것을 알기에 걱정이 앞선 것 같았다. 당시에는 코로나19로 온 세상이 난리였고 우리나라 역시 혼란의 시기였다. 매일 죽어 나가는 사람들이 넘쳐났고 매스컴에서는 연일 코로나19에 대한 소식으로 범벅이 되었다. 나는 이사를 와 코로나 기간에 모여 예배를 드릴 수 없는 상황이었지만 온라인으로 예배드리는 것을 좋아하지 않았다. 교회에 나가 주일에 예배드릴 수 있는 교회를 찾아야 했다.

한 상가에 있는 교회를 방문해 보니 문이 닫혀 있었고 목사님은 다른 일을 하고 계셨다. 마음의 감동이 없어서 다른 교회를 찾던 중에 운전하고 다닐 때 보았던 교회에 큰딸 아이와 함께 방문을 했는데 그날 교회는 이사를 하는 날이었다. 너무도 당황하였다. 이곳에 다닐 교회가 없었다. 이사를 하고 계시던 목사님께 이사하여 예배를 드리게 되면 교회에 나가겠다고 목사님께 말씀을 드리고 큰딸과 나는 집으로 돌아왔다.

우리 가정은 지금 섬기고 있는 교회에 다니기 시작하였고 그사이에 나는 강의 일을 정리하였다. 나는 강의를 통해 월 수입을 넉넉하게 벌고 있었지만 워낙 아무것도 없었기에 돈을 모은다는 것은 상상도 못 했다. 난 아내에게 '다음 달 생활비까지는 되는데 다음 달 이후에는 생활비가 한 푼도 들어오지 않게 되고 온전히 하나님이 우리 가정을 어떻게 이끌어 가시고 먹여 살리시는지 하나님의 은혜로만 살기로 작정했으니 당신도 힘들겠지만 우리가 하나님의 인도하심을 한번 보고 새롭게 시작했으면 한다. 우리가 지금까지 이보다 더 험한 시간을 인내하고 견디며 살아왔는데 여기서 우리가 이혼을 한다든지 하나님을 온전히 믿지 않는다면 우린 무너질 거야. 여보, 우리 아이들과 함께 다시 시작해보자' 권면하였는데 웬일인지 아내는 금방 받아들이며 동의를 해주었다. 아내와 난 계속 싸우고 있었지만 그래도 남편인 내가 오직 하나님 한 분만을 바라보고 지금까지 살아온 모습은 신뢰한 것 같았다.

그렇게 우린 새롭게 결단을 하고 새로운 믿음의 여정을 시작하였다.

'보라 내가 새 일을 행하리니 이제 나타낼 것이라 너희가 그것을 알지 못하겠느냐 반드시 내가 광야에 길을 사막에 강을 내리니' (이사야 43:19)

6.

새로운
믿음의 여정

우리 가정은 말로 표현할 수 없는 상처와 아픔을 가지고 있었다. 사업 부도로 인한 장기적인 경제적 어려움으로 인한 충격과 사람들로부터 받은 마음의 상처들로 가득했다. 살고는 있지만 사는 게 아니었다. 나는 우리 가정을 하나님의 온전한 자녀가 되는 삶으로 이끌어야 했다.

하루 종일 집에 있으면서 난 하나님께 기도했다. "하나님, 제가 우리 가정을 위해 무엇을 할까요? 어디서부터 다시 시작할까요?" 기도할 때 하나님이 내 마음에 감동을 주시길 온 가족이 함께 모여 말씀을 읽고 하나님이 각자의 마음에 주신 감동을 나누길 원하셨다. 난 즉시 순종하였다.

나는 마음에 감동이 있으면 바로 순종을 한다. 이유가 있다. 어떤 사람에게 전화를 해야 한다는 감동이 있다든지, 연락하여 만나야 한다는 감동이 있을 때 미루게 되면 생각에서 멀어지고 나중에는 그때 연락을 했어야 했다는 후회가 남는 일이 있기에 나는 성령님의 감동에 바로 순종하는 것을 원칙으로 하고 있다. 결과는 하나님께 맡기고 믿음으로 걸어가기를 선택한다.

아이들과 함께 한 달간 매일 마태복음을 1장씩 읽으며 하나님이 각자에게 주시는 감동을 나눴다. 그 시간에 우린 많이 싸웠다. 각자 옳은 대로, 각자 소견대로가 먼저였기에 서로에게 이해와 배려로 양보하고 기다림은 없었다. 그리고 다른 사람이 말할 때는 듣지 않고 있었다. 마귀는 말씀으로 가정이 회복되는 것을 절대 원하지 않는다. 나는 반드시 하나님의 복음으로 이 싸움을 돌파하리라 다짐하며 하루하루 엉망이지만 성경 읽기와 나눔을 이어 갔다. 그렇게 하루하루 지나가면서 나는 아내의 마음과 아이들의 마음을 조금씩 이해하기 시작했고 너무 미안했다. 나는 알지 못했다. 아내가 어떤 생각을 하고 있었는지 아이들이 마음에 원하고 바라고 있는 것이 무엇이며 어떤 생각을 하고 있는지 몰랐다. 하나님의 말씀으로 우린 서로의 마음과 생각을 조금씩 이해하고 알아 가기 시작했다.

복음은 위대하다. 복음은 길이다. 복음은 진리다. 복음은 생명이다. 나와 우리 가정은 분명히 기억한다. 하나님의 복음을 통해 조금씩 서로를 알아 가기 시작했다는 것을. 마귀의 방해는 말할 수 없이 많았다. 아이들은 아빠가 자기들을 괴롭게 하려고 성경 읽기를 한다며 거부하기를 반복했다. 그리고 이런 것을 왜 하느냐고 화를 내는 일이 매일 있었지만 난 포기하지 않았고 어떤 날에는 거의 강제로 성경 읽기를 했다. 그렇게 한 달 동안 마태복음을 마쳤다. 우리는 서로를 조금씩 이해하기 시작하였다. 그러나 아내와 나의 싸움은 예전같이 자주 싸우지는 않았지만 계속 이어지고 있었다. 마귀는 좀처럼 우리를 놓아주지 않았다.

'여호수아가 또 제사장들에게 말하여 이르되 언약괴를 메고 백성에 앞서 건너라 하매 곧 언약궤를 메고 백성에 앞서 나아가니라' (여호수아 3:6)

1) 믿음으로 걸어가다

우리 가정에는 수입이 전혀 없었다. 내가 나가서 일을 하지 않는 이상 어느 곳에서도 돈이 들어올 길이 전혀 없었다. 그리고 이곳에 이사 온 지 얼마 되지 않아 이곳에는 아는 사람이 한 명도 없었다. 어디 하나 기댈 수 있는 사람이 전혀 없었다. 하나님은 모든 사람과 환경을 차단하시고 나와 우리 가정을 초대하셨다. 나는 성경 말씀을 기억한다. 이스라엘 백성들이 가나안 땅에 들어갈 때 그냥 걸어서 쉽게 들어간 것이 아니라 하나님은 이스라엘 백성들을 요단강 앞에 세워 놓고 이스라엘 백성들이 믿음으로 요단강에 들어가 건너가기를 원하셨다. 홍해는 하나님의 은혜로 건넜지만 가나안 땅으로 들어 가기 위한 요단강은 달랐다. 온전히 믿음으로 건너야만 했다. 언약궤를 메고 제사장들이 요단강에 믿음으로 들어갈 때에 요단강이 열린 것이다. 하나님은 우리가 가나안 땅에 들어가기를 원하신다. 그러나 반드시 우리의 믿음을 요구하신다.

난 그 하나님을 알고 신뢰하기에 믿음을 선택하기로 했다. 아내와 난 믿음으로 무엇이든 해야만 했다. 믿음으로 하나님이 공급하심만을 가지고 살며 하나님의 이끄심만을 따라 살기로 작정하고 살아오던 중 얼마 후 큰딸 아이는 나에게 이런 말을 했다. "아빠, 집에 계시지 말고 나가서 돈을 벌어야 하지 않아요. 아빠가 돈을 벌어야 우리가 살 수 있잖아요" 말할 때 난 단호했다. "나는 지금부터는 하나님이 공급하시는 것으로만 살기로 작정했단다. 우리 한번 함께 가 보자꾸나. 하나님이 우리 가정을 어떻게 먹여 살리시고 이끄시는지 한번 보자꾸나"라고 큰딸 아이에게 말하였다.

당시 우린 통장에 잔액이 2,400원 남아 있었다. 이때 나는 큰딸 아이에게 "딸아, 우리 돈 많아. 그리고 우리 아버지가 돈이 많으신 분이야" 걱정하지 말라며 통장을 보여 줬는데 하나님이 큰딸에게 잔액을 2,400만 원으로 보여 주셨다. 큰딸 아이는 "아빠, 우리 2,400만 원이나 있어?" 말하였다. 나는 "맞아, 우리 돈 많아. 걱정하지 마"라고 했지만 왠지 가슴에서 북받쳐 올라오는 아픔은 말로 표현하기 힘들었다. 그러나 어찌하랴. 하나님의 공급하심만을 바라보고 살기로 작정한 이상 나는 물러설 수 없었다. 난 나보다 하나님의 마음이 더 아프실 거라 믿었다.

세상이 보기에는 바보 같은 길이고 바보 같은 선택이라고 보겠지만 내가 믿는 하나님은 반드시 우리 가정을 이 시간을 통해 우리의 믿음을 보실 거라는 것을 굳게 믿었다. 이렇게 가다 보면 모두 굶어 죽든지 아니면 하나님이 우리를 불쌍히 여겨 구하시든지 하시겠지. 난 이 길을 끝까지 가리라 다짐했다. 나보다 더 급하신 하나님을 난 신뢰했다. 난 그래야만 했다. 우리 가정은 전혀 소망이 없었기에 하나님 한 분만 붙잡아야 했다. 나의 유일한 희망은 하나님 한 분이었다.

아내와 난 집에 있으면서 여러 가지 많은 이야기를 하던 중 아이들이 태어나기 전 집에서 둘이 함께 예배드렸던 일을 이야기하며 그때의 추억을 나누었다. "여보, 그때 우리 정말 은혜의 시간이었는데 지금 생각이 나네. 우리 너무 좋았었는데 잊고 살았네." 이야기를 나누다 "그런데 지금이 꼭 그때와 같이 은혜받을 시간인 것 같아. 당신의 생각은 어때" 물었을 때에 처음에 아내는 싫어하는 내색이었지만 다음 날부터 피아노 앞에 앉아 찬양을 부르기 시작하였고 우린 함께 찬양으로 예배를 드리기 시작했다. 난 옛 추억 속 아내의 모습이 다시 회복되어 너무 예뻤다. 회복의 시작이었다.

물질적인 상황은 바닥이지만 분명 우리 가정에는 회복의 움직임이 시작되었다. 나는 아내에게 "여보, 우리 이렇게 집에서 매일 찬양으로 예배를 드리자. 우리가 지금 할 수 있는 일이 없으니 하나님께 찬양으로 예배를 드리자" 말하였고 우린 그렇게 매일 하나님을 찬양하기 시작했다. 돈이 없어서 서러워 울고, 은혜를 받아 울고, 회개가 시작되어 울고, 그렇게 또 다른 눈물의 시간이 시작되었다. 분명 우리 가정은 변화의 물결 속에 있었다.

너는 나를 믿니

2) 물질적 시험

우리 가정은 수입이 전혀 없었기에 막막했다. 나는 아이들이 다니던 학원을 모두 그만 다니게 하고 집에서 직접 아이들을 가르쳤다. 아파트의 관리비와 가스 요금 등 모든 것이 연체되었다. 난 궁금했다. 하나님은 이런 상황을 어떻게 해결해 나가실까? 내가 움직이지 않아도 해결해 주실까? 이 무모해 보이는 도전 앞에 나는 더 결단을 해야 했다. 최악의 경우에는 이곳에서 살다가 쫓겨나기밖에 더 하겠나. "하나님, 나와 우리 가정을 책임져 주세요. 나는 이대로 물러서지 않을 것입니다." 기도할 때에 하나님은 나에게 감동을 주셨다. "네가 나에게 기도하고 구한 SOW(쏘우)는 어디 갔느냐. 왜 그것을 사용하지 않느냐. 그것을 사용해라. 그러나 그 SOW는 너에게 준 것이 아니라 너의 아내에게 준 것이다. 아내의 SOW(쏘우)가 잘 성장할 수 있도록 도와주어라"는 감동을 주셨다.

머리를 망치로 한 방 얻어 맞은 기분이었다. '맞다. 하나님께 5년을 기도하여 받은 SOW(Savior of wonder), 쏘우가 있었지. 이 회사 이름이 나의 것이 아니었구나. 아내의 것이었구나' 알게 되었다. 나는 아내에게 하나님이 주신 감동을 나누고 아내와 상의하여 아내에게 쏘우를 시작해 볼 것을 권하였다.

아내는 쏘우 상호로 온라인 스토어를 만들었고 많은 테스트를 통해 가능성을 확인 후 중년 여성들의 패션을 하기로 결정하였다. 아내는 어느덧 중년이 되어 있었고 자신이 그동안 살아오면서 입었던 스타일의 옷과 앞으로 변화될 트렌드를 참고하여 쏘우를 운영해 보겠다 하였고 나는 기도하면서 도와주겠다고 하였다. 아내와 내가 물질적으로 가장 바닥일 때 SOW(쏘우)가 시작되었다. 하나님이 SOW(쏘우)라는 상호를 주신 후 8년 만에 사업의 문이 열렸다.

'그가 여호와의 말씀과 같이 하여 곧 가서 요단 앞 그릿
시냇가에 머물매 까마귀들이 아침에도 떡과 물고기를,
저녁에도 떡과 고기를 가져왔고 그가 시냇물을 마셨으나'
(열왕기상 17:5~6)

너는 나를 믿니

3) 하나님의 천사 (1)

나와 우리 가정은 하나님의 공급하심만을 가지고 살아가겠다고 선포하고 하루하루 살아가면서 경제적인 어려움이 왔고 그때마다 우린 시름해야 했다. 하나님이 이스라엘 백성들에게 광야에서 공급하신 만나와 메추라기를 과연 우리 가정이 경험할 수 있을까? 그렇게 전적으로 하나님이 주시는 은혜만을 가지고 살아갈 수 있을까? 하루도 앞을 알수 없기에 아내와 난 묵묵히 우리에게 주어진 쏘우를 하나씩 하나씩 준비해 나갔다. 믿음으로 살아간다는 것이 무엇일까? 하나님만을 바라 본 다는게 무엇일까? 혼자가 아닌 5명의 온 가족이 과연 하나님만 보고 살아간다는 것이 가능할까?

정말 힘들었다. 아니, 고통스러웠다. 밀려오는 임대료, 통신비, 공과금 등 모든 것이 연체되었다. 신기한 것은 먹을 양식인 쌀과 반찬은 항상 여유가 있었다. 시골에 계시는 어머니께서 계속해서 보내 주셨다. 당시 정부에서는 코로나19가 걸리게 되면 생계지원금과 생활용품 일부를 주었다. 우리 가족은 2번 코로나19에 걸려 정부의 지원을 받아 밀린 공과금을 냈고 또다시 미납과

연체를 반복하며 살고 있었다. 아이들에게는 말할 수 없었다. 아이들이 "아빠, 왜 우리 집은 자동차가 없어?"라고 질문을 할 때면 "응, 아빠가 하나님께 우리 가정에 있는 자동차를 없애 달라 기도 했더니 모두 없애 주셨어. 아빠의 기도 응답이니 우리 잠시 불편하더라도 걸어 다니고 자전거 타고 다니면서 운동한다 생각하자꾸나" 말했지만 아이들의 표정 속에 보이는 아픔은 어쩔 수 없었다. 가슴이 저려 오지만 '믿음의 길을 선택했으니 가 봐야지. 여기에서 멈추면 후회만 남고 계속 가 보면 우리 가정은 하나님을 만나 간증이 될 것이다'라는 믿음으로 나는 가야 했다.

아이들이 가끔 치킨이 먹고 싶다고 하면 심장이 덜컹 내려앉았다. 유난히 치킨을 좋아하는 우리 아이들인데 치킨 한 마리도 사 줄 경제적 능력이 없으니 기도하는 수밖에 없었다. "하나님, 아이들이 통닭이 먹고 싶다네요 그러나 저희는 사 줄 능력이 없어요 어찌해야 하나요" 기도하고 나면 외할아버지께서 치킨을 배달시켰으니 맛있게 먹으라며 연락이 오셨다. 아이들은 맛있게 먹으며 기뻐하였고 아내와 나는 차마 먹을 수가 없었다. 아빠와 엄마는 먹을 생각이 없으니 너희들 많이 먹고 먹기 전에 하나님께 감사합니다 기도드리고 외할아버지께도 감사하다고 꼭 인사 전화 드려라 말하곤 했다.

아내와 난 함께 집에서 찬양예배를 드리던 중에 "여보, 우리 집에서 예배를 드리지 말고 교회에 부탁해서 낮에 교회에서 찬양예배를 드리고 싶으니 가능한지 여쭈어보는 게 어떨까" 상의하였고 나는 교회에서 승낙을 얻어 아내와 난 매일 교회에 나가 2시간 예배를 드리기 시작했다. 아내는 건반으로 찬양하며 기도했고 나도 찬양과 함께 기도했다. 때론 서러워서 울고, 때론 답답해서 울었고, 때론 힘들어서 울고, 때론 서글퍼서 많이 울었다. 하나님, 도대체 나와 우리 가정을 어디에 쓰시려고 이렇게 훈련을 시키시나요? 이 훈련은 언제 끝이 날까요? 하염없이 울었다. 난 기도하다 지쳐서 가슴이 터질 것 같아 바닥에 쓰러져서 잠들곤 했는데 아내는 건반을 치며 찬양을 하기에 쉬지 않고 2시간을 예배 드렸으니 죽을 만큼 힘든 시간이었을 것이다.

아내는 지금도 그때 힘들었던 예배에 대해 아무런 말이 없다. 우린 그냥 느낌으로 알고 있다. 하나님 한 분만이 유일한 희망이었고 하나님께 예배드리는 것이 살길이었기에, 찬양과 기도만이 우리의 소망이었기에 우린 습관처럼 매일 예배를 드렸다. 예배를 드리고 집에 돌아오면 쏘우를 준비하고, 아이들이 학교에서 오면 챙기고, 하루에 하는 일은 계속 반복이었고 그런 과정에도 아내와 난 가끔 싸움이 있었다. 다행인 건 예전처럼 싸우는 횟수가 줄어들고 있었다. 아이들은 학교 갔다오면 엄마와 아빠가 집에 있으니 오히려 안정감을 찾아가는 것 같았고 언제든지 집에 부모님이 있다는 신뢰가 생기기 시작했다.

아내와 내가 매일 예배를 드리던 중 어느 날 교회에 예배를 같이 드리며 기도하고 싶다고 오신 분이 있었다. 우린 함께 찬양하고 기도하며 예배를 드렸다. 며칠 후 한 분이 또 오셨다. 동네에 살고 계시는 분들이었고 낮에 기도를 드리고 싶은데 예배드리는 곳이 없어 찾아오신 분들이다. 그렇게 4명이 예배를 드리고 있던 중에 두 분이 또 오셨다.

이해되지 않는 일이었다. 아내와 난 하나님에 대한 갈망으로 예배를 드리는 것뿐이었는데 자꾸 사람이 늘어나고 있었다. 어느덧 8명이 매일 예배를 드리고 있었다. 우리는 목사도 사역자도 아닌데 사람이 많아지는 것에 부담이 생겼다. 아내는 피아노 실력도 안 좋은데 사람이 늘어나니 부담이 된다고 계속 이야기하였다. 그렇게 우린 예배를 계속 드렸다. 하나님 이건 또 무슨 일인가요? 지금 가정의 환경은 엉망이고 앞이 캄캄한데 어찌 사람을 이렇게 붙이셨나요? 아내와 난 사역자도 아닌데 이분들을 우리가 어떻게 감당해야 할까요? 많은 의문 속에서 우린 찬양과 기도로 예배를 드렸다.

너는 나를 믿니

4) 하나님의 공급하심

아내는 온라인 쇼핑물을 잘 준비해 갔고 나는 가정일과 아내의 일을 도와주었다. 아내가 말하길 만약 온라인 쇼핑몰에 10일 이내에 주문이 안 들어오면 당신이 앞에 있는 공사장에 가서라도 일을 하여 돈을 벌어와야 우리 가정이 생계를 할 수 있다고 했다. 그때 나는 아내에게 "하나님이 반드시 10일 이내에 20개 이상의 주문이 들어오게 하실 것을 믿어. 하나님을 믿어 보자" 말하고 우린 하루하루 잘 준비하여 갔다.

아내가 말했던 10일 안에 21개의 주문이 들어왔다. 우린 감동했고 '이게 되는구나. 하나님이 우리에게 이 사업을 하라고 하신 게 분명하구나' 확신을 하게 되었다. 쏘우에 주문이 들어오는 기쁨은 잠시였다. 문제가 생겼다. 고객으로부터 주문이 들어오면 우린 공장에서 상품을 구매하여 고객들에게 배송을 해 주어야 하는데 공장에서 상품을 구매할 자금이 우리에게는 없었다. 우리에겐 2,400원이 전 재산이었다. 난 아내에게 주문한 고객들에게 직접 전화하여 주문하신 상품이 품절되어서 보내 드릴 수 없으니 주문을 취소해 달라고 정중히 요청하고 사과의 뜻을 전해 드리라 권했다. 우리는 매일 주문을 취소하는 일이 하는 일이었다. 그 시간은 고문과도 같았다. 아침에 일어나 주문 취소하고 예배드리러 가고 돌아와서 또 주문을 취소하고 희망 고문이었고, 우리 가정은 생계가 달려 있었다. 그러나 어찌하랴. 내가 무엇을 어찌할 게 아니고 하나님이 하실 일이니 하나님이 움직이실 때까지 우린 할 수 있는 일에 최선을 다했다.

그러던 중 교회에서 목장 모임을 하게 되었고 목장에서 우리가 하고 있는 일을 나누게 되었는데 우리 이야기를 들으시고 목사님께서 17만 원을 보내 주셨다. 뜻밖이었다. 그동안 헌금으로 섬기는 봤어도 목사님께 도움을 받아 보기는 처음이었다. 감사하다는 인사를 드리고 아내는 그 돈 17만 원으로 공장에서 상품을 가져와 고객들에게 하나둘 상품을 보내기 시작했다. 그렇게 쏘우는 실질적인 사업의 문이 열렸다. 아내는 목사님을 통해 하나님이 공급하신 17만 원으로 하나님이 이루실 계획을 보기 위해 최선을 다했다. 우리에게는 여전히 자금이 부족하였고 생활도 어려웠다.

그러던 어느 날이었다. 아이들이 "아빠, 우리는 왜 차가 없어?"라고 물을 때 "응, 아빠가 하나님께 가져가 달라고 기도했더니 엄마, 아빠의 차를 모두 가져가신 거야" 말하며 "왜, 차가 있었으면

너는 나를 믿니

좋겠니?" 물으니 "아빠, 우리도 자동차가 있었으면 좋겠어"라고 말했다.

그래, 그럼 우리 하나님께 기도하자. 차를 가져가신 분도 하나님이시고 주실 분도 하나님이시니 우리 자동차를 보내 주시라고 하나님께 기도하자! 그리고 "너희들은 어떤 자동차를 원하니?" 물으니 카니발 밴이 있으면 우리 가족이 모두 타고 이동할 수 있으니 좋다고 했다. "그럼 자동차의 컬러는 어떤 걸로 보내 주시라 할까?" 물으니 천사와 같이 흰색이었으면 좋겠다 하여 그럼 우리 흰색 카니발을 우리 가정에 보내 주시라 기도하자며 아이들과 우린 매일 자동차를 위해 기도했다. 식사 기도에서도 끊임없이 아이들이 돌아가며 기도를 했다.

우리는 자동차가 없었기에 먼 거리는 자전거를 타고 다녔으며 가까운 거리는 걸어서 다녔다. 겨울이 가장 힘들었다. 추운 날씨에 걸어서 또는 자전거를 타고 주민센터까지 가는 동안은 참 힘든 시간이었다. 아내와 난 그 시간이 좋은 데이트의 시간이 되기도 했다. 우리 가정에 자동차가 온 건 기도를 시작한 후 7개월 되는 때에 왔다. 아무런 돈이 없는데 카니발 밴 흰색으로 새 차가 우리 가정에 왔다. 아이들은 이 기적 같은 일에 환호하고 '하나님은 살아 계신다. 하나님은 정말 위대하시다'며 함께 감사 기도를 드렸다.

자동차는 어머니께서 사 주셨다. 막내아들이 자동차 없이 살고 있다 하니 어머니께서 나를 보고 싶으실 때 편하게 볼 수 없으니 어머니 댁에 자주 다녀가라고 자동차를 사 주셨다. 연로하시고 몸도 아프신데 나는 또 한 번의 불효를 했다. 내 나이가 50대 중반인데 연로하신 어머니의 손길을 통해 자동차를 받았다. 차마 받을 수 없었지만 이 또한 하나님께서 보내 주신 기도의 응답이라 생각하고 감사 인사를 드리고 받았다. 이렇게 하나님은 우리의 기도를 모두 듣고 계셨고 우리의 환경을 모두 보고 계셨다.

나와 아이들은 지금도 자동차를 타게 되면 가끔 우리는 이야기를 한다. "이 자동차는 우리의 기도 응답이야. 우리가 하나님께 7개월 동안 기도해서 받은 기도의 응답이잖니. 우리 하나님께 감사하고 할머니의 손길을 통해 보내 주셨으니 시골에 계시는 할머니께 감사드리며 우리 잊지 말자꾸나" 이야기를 하곤 한다.

'믿는 사람이 다 함께 있어 모든 물건을 서로 통용하고
  또 재산과 소유를 팔아 각 사람의 필요를 따라 나눠 주
  며 날마다 마음을 같이 하여 성전에 모이기를 힘쓰고 집
  에서 떡을 떼며 기쁨과 순전한 마음으로 음식을 먹고 하

너는 나를 믿니

나님을 찬미하며 또 온 백성에게 칭송을 받으니 주께서
구원 받는 사람을 날마다 더하게 하시니라' (사도행전
2:44~47)

5) 하나님의 천사 (2)

아내와 난 매일 교회에 나아가 예배를 드렸다. 어느덧 8명이 함께 예배를 드리게 되었고 두 분의 집사님께서 함께 식사를 하자고 하셔서 우린 함께 점심식사를 하고 차를 마시며 그동안의 하나님 은혜를 나누었다. 아내와 내가 왜 예배를 드리고 있는지 하나님이 그동안 우리 가정을 어떻게 이끌어 오셨는지에 대해 나누었고 우린 함께 울며 기도하고 헤어졌다. 하루는 한 분께서 남편분과 함께 오셔서 예배를 드리셨는데 예배 후 차 한잔 같이 하자 하여 아내와 난 함께 차에 타고 갔다. 아내와 난 이곳에 이사 온 지 얼마 되지 않아 이곳의 지리를 알지 못하였고 교회와 집 외에는 밖에 나가서 누구를 만나지 않았기에 어디론가 차를 타고 간다는 건 많이 생소했다.

남편분은 우리를 어느 공원으로 데리고 갔다. 우리를 흰돌메 공원 주차장으로 데리고 갔고 그곳에서 자판기 커피를 뽑아 4명이 함께 차를 마셨는데 남편분께서 조심스럽게 이야기를 시작하셨다. 아내에게 이야기를 많이 들었는데 어찌 생활을 하고 있으며 지금 하고 있는 온라인 사업은 잘되는지 궁금하다 하셨고 나는 현재 우리의 상황을 자세하게 말씀드렸다. 우리의 상황을 들으시더니 갑자기 계좌번호를 달라고 하셨고 자신에게 약간의 자금이 있으니 그 돈을 빌려줄 테니 한번 일어나 보라 말씀하셨는데 나는 순간 많이 놀랐고 어리둥절했다. 처음 만난 분이고 언제 한번 함께 자세하게 이야기를 나눈 적도 없는 분인데 갑자기 돈을 빌려준다니 나와 아내는 너무 놀랬다.

나는 거절하였다. 현재 우리는 신용불량자이고 돈을 빌려주시면 그 돈을 갚을 능력도 없고 정말 곤란합니다. 말씀만으로도 감사하고 고맙습니다. 죄송하지만 저희는 정말 받을 수 없습니다. 정중히 거절하였는데 말씀하시길 자신도 한때 많이 어려웠고 누군가 조금만 힘이 되어 주었다면 일어날 힘이 있었을 텐데 그러지 못했고 친구 중에 한 분이 맛있는 음식과 위로의 말로 힘을 줄 때 그때가 참 고마워서 지금도 그 친구를 잊지 못하고 있다고 말씀하셨고 내가 돈이 많은 사람은 아니고 보험에서 받은 돈이 조금 있는데 그 돈을 하나님이 두 분에게 주라고 하셔서 드리는 것이니 이 돈으로 힘을 내 보라고 하셨다. 나중에 천천히 여유 있을 때 갚으라고 하셨다. 강권적으로 말씀하시는 권유에 아내와 난 믿음으로 순종하였다. 이 또한 하나님의 움직임이시고 하나님이 보내 주신 분이실 텐데 우리가 무슨 자격으로 거절을 할 수 있을까? 우린 함께 기도하고 계좌번호를 드렸다. 다만 "얼마가 되든

지 시일이 좀 걸리더라도 반드시 갚아 드리겠습니다. 기다려만
주시면 꼭 돌려드리겠습니다" 말씀드렸다.

그날 계좌에는 2,000만 원이 입금되었다. 아내와 난 펑펑 울었
다. 하나님 이건 또 무슨 일인가요? 아무 일면식도 없는 분이 어
찌 이럴 수 있을까요? 우리를 무엇을 믿고 이 큰 금액을 보내 주
셨을까요? 하나님 이 은혜를 어찌 갚아야 할까요? 반드시 이 은
혜를 잊지 않겠습니다. 하나님 감사합니다. 아내와 난 함께 눈물
로 기도했다. 우린 그 자금으로 그동안 밀린 생활비와 공과금을
정리하고 아내의 신용회복을 정리했다.

아내의 신용이 회복되어야 앞으로 쏘우를 더 자신 있게 경영
해 나갈 수 있다는 판단이었고 그래야 우리가 장기적으로 잘 살
아갈 수 있다는 판단이었다. 온라인스토어를 통해 주문이 들어
오는 건들을 아내는 공장에서 상품을 구입하여 철저하게 검수하
고 포장하여 배송까지 마무리되는 일이 본격적으로 시작되었다.
처음 시작은 2,400원으로 시작되었지만 그때에 비하면 엄청나게
큰 자금으로 아내는 사업을 해 나갈 수 있었다. 현재 나는 그분을
형님으로 부른다. 고마우신 분이고 내 인생에서 잊을 수 없고 지
워지지 않는 고마우신 분이며 하나님께서 우리 가정에 보내 주
신 천사이시다. 어느 누가 당신은 천사를 보았느냐고 나에게 질

너는 나를 믿니

문한다면 난 주저없이 답할 수 있다. 나는 하나님의 천사를 만났고 보았고 지금도 함께하고 있다고 말할 수 있다. 형님, 아내분과 우린 친형제처럼 지금도 지내고 있다. 어쩜 친형제보다 더 가깝게 지내고 있다. 행복하다. 이런 두 분이 우리 가정 옆에 계셔서 얼마나 행복한지 모른다. 우리 가정이 코로나19로 아파 움직일 수 없을 때 두 분은 집 앞에 아이들에게 먹이라면서 치킨을 배달하여 주셨고 어떨 땐 왕피자를 보내 주셨고 어떨 땐 닭볶음탕을 집 앞에 놓고 가셨고, 어떨 땐 반찬을 만들어서 갔다 놓으셨고 거의 매일 우리 부부를 형님 집으로 초대하여 맛있는 식사를 만들어 주셨다. 때론 우리 부부를 데리고 부산으로 양산으로 김해로 밀양으로 가덕으로 때론 야경이 아름다운 송도해수욕장으로 수많은 곳으로 우리를 데리고 다니시며 맛있는 음식으로 섬겨 주셨다. 두 분의 섬김은 지금도 계속되고 있다. 사람이 어찌 이렇게 사랑을 베풀 수 있을까 잘 모르는 사람에게 이렇게 하염없이 베풀 수 있을까. 지금도 난 의문이다. 이 형님은 도대체 누구일까? 하나님은 어찌 이런 분을 나에게 보내 주셨을까? 감사하고 또 감사하다. 그리고 나는 형님이 계셔서 행복하다. 형님의 사랑은 너무도 크시다. 내가 어찌 이런 사랑을 받을 수 있을까? 은혜로다. 은혜로다. 하나님의 은혜로다. 이 은혜를 어찌할꼬.

이처럼 하나님은 살아 계시고 나와 함께하고 계신다. 나와 우리 가정을 위해 미리 준비하시는 분이다. 나는 언젠가 형님에게 질문하였다. "형님도 형편이 좋지 않으신데 그 돈은 어떤 돈이었나요?" 질문하였을 때 형님이 말씀하시길 보험을 들어 놓았는데 갑자기 숨을 쉴 수가 없어 병원에 갔는데 심장에 이상이 있다고 큰 병원으로 가라고 해서 심장질환 진단을 받으셨고 그 진단비를 받으신 거라 말씀해 주셨다. 나와 아내는 그 이야기를 듣고 기절하는 줄 알았다. 그럼 그 돈이 형님의 목숨과 같은 돈이 아닌가. 그 돈을 어떻게 우리에게 주실 수 있을까. 금방이라도 수술에 사용할 돈이 아닌가 너무 당황했고 죄송했다. 하나님이 이런분을 축복해 주시지 않으시면 어떤 사람을 축복해 주실까? 나와 아내는 반드시 이 자금을 잘 활용하여 빠른 시일 안에 돌려드리자 다짐했고 형님께도 그렇게 말씀을 드렸다.

그 후 형님은 심장에 크게 이상이 생겨 대학병원에서 가슴을 열고 심장수술을 하셨다. 다행이 수술이 잘되어 지금은 예전보다 더 건강하게 청년처럼 생활을 하고 계신다. 하나님께 감사, 감사드리며 앞으로도 형님의 건강과 가정에 평강이 넘치시길 기도합니다. 무엇보다 형님 가정이 하나님을 잘 믿고 평생토록 함께하는 가정으로 더욱 세워지길 기도합니다.

6) 하나님의 천사 (3)

하나님께서는 우리 가정에 두 번째 천사를 보내 주셨다. 형님 부부의 이웃으로 왕래하며 함께 잘 지내시는 가정이다. 이 부부 두 분도 우리 가정을 지속적으로 돌봐 주셨다. 아이들에게 피자로 치킨으로 과일로 반찬으로 맛있는 음식을 배달해 주시고 또한, 아내와 나를 데리고 부산으로 포항으로 여기저기 많은 곳을 다니셨다. 맛있는 음식과 경치가 좋은 곳에 데리고 가서 차를 한 잔 사 주시며 위로해 주시고 함께 즐거운 시간을 보내 주셨다.

이 귀한 천사를 누가 보내 주셨을까? 하나님 외에 누가 하실 수 있을까? 이 두 분도 지금까지 변함없이 우리 가정을 도와주신다. 우리는 하나님을 믿고 사는 사람들이다. 누가 진정으로 하나님을 믿는 사람일까? 교회에서 기도 많이 하는 사람이 하나님을 잘 믿는 사람일까? 아님 믿음이 좋은 사람이 하나님을 잘 믿는 사람일까? 나는 형님과 이분들의 믿음을 높게 바라본다. 삶으로 믿음을 증거하셨기 때문이다. 우리 복음적 그리스도인의 삶은 이러해야 한다고 생각한다.

'어떤 사마리아 사람은 여행하는 중 거기 이르러 그를 보고 불쌍히 여겨 가까이 가서 기름과 포도주를 그 상처에 붓고 싸매고 자기 짐승에 태워 주막으로 데리고 가서 돌보아 주니라' (누가복음 10:33~34)

길가에서 강도를 만나 쓰러져 있던 사람을 제사장도 아니고 레위인도 아닌 하나님을 믿지 않았던 사마리아인이 도와주었던 것처럼, 내 주위에 누군가 쓰러져 가는 사람이 있다면 그 사람을 도와주고 다시 힘을 내어 살아갈 수 있도록 함께 아파해 주며 위로해 주는 삶이 진정한 복음적 그리스도인이라 생각한다. 요즘 많은 그리스도인들이 이 복음을 잘못 적용하는 경우가 있다. 교회에서 기도 열심히 하면 믿음이 좋은 것이라 여기고 교회만 잘 다니면서 교회에서 봉사도 선교일도 열심히 하면 된다고 생각하고 그것으로 만족하는 삶을 사는 경우가 종종 있다. 그것이 잘못되었다 말하는 것은 아니지만 진정한 복음은 삶 속에 있지 않을까? 복음적 그리스도인이 복음을 진정으로 만났다면 성경이 말하는 것을 아는 것이 아니라 성경이 말하는 것을 살아 내는 것이 복음적 그리스도인의 삶 아닐까?

우리 예수님은 하나님이시면서 이 땅에 사람의 몸으로 오실 때

너는 나를 믿니

구름 타고 오시지 않고 가장 가난한 가정에 오셨고 구유에서 태어 나셨으며 목수의 아들로 성장하면서 현실의 삶에 성실하게 목수 로 자라셨고 공생애 사역을 하실 때에도 광야에 커다란 성전을 지 어 놓고 사람들아 모여라 하시지 않고 철저하게 삶으로 들어가셨 다. 삶 속에서 수치를 당하셨고 채찍을 맞으셨으며 가시관을 쓰셨 고 십자가에 달리셨다. 철저하게 삶 속에서 천국 복음을 전하셨고 병든 자를 고치셨으며 귀신 들린 자를 자유케 하셨고 죽은 자를 살 리셨으며 마음에 상처 입은 자를 위로하셨고 세상이 천하게 여긴 영혼에게 사랑을 전하셨다. 이처럼 우리 기독교의 복음은 수도원 에 있는 것이 아니라 삶 속에 있다. 기독교는 타 종교와 같이 신앙 이 아니라 신앙생활이다. 삶으로 나타나야 하는 생활 가운데 있다.

나는 두 가정의 믿음을 높이 평가한다. 처절했던 나와 우리 가 정에 하나님의 천국복음을 삶으로 보여 주신 분들이다. 귀한 복 음의 선배님들이시다. 이런 귀한 복음의 선배님들을 보내 주신 하나님께 진심으로 감사드리며 나를 변함없이 사랑하시고 함께 하여 주시듯이 두 분의 가정과 생업에 그리고 무엇보다 건강에 축복을 주시옵고 바라옵기는 하나님을 향한 믿음의 여정이 천국 가시는 그날까지 굳건하게 지켜 가시길 기도합니다. 하나님 두 가정에 손을 절대 놓지 마옵소서.

7) 영적 회복의 은혜

아내는 소명으로 주어진 사업체 쏘우에 많은 것을 쏟아부었다. 잠을 잘 시간도 없이 일을 하였고 계속 연구하고 도전했다. 온라인쇼핑몰을 성공시키는 일은 좀처럼 쉽지 않은 일이었다. 오픈만 해 놓으면 구매가 이루어지는 줄 알았는데 아니었다. 준비해야 할 것들이 너무 많았다. 주문이 들어오면 공장에서 구입하여 잘 검수해서 예쁘게 포장하고 배송하기까지 많은 과정을 거쳐야 가능했다. 계속 이어지는 주문 앞에 아내는 기쁨으로 일을 하였고 하루하루 최선을 다했다.

그러나 예상치 못한 일들이 생겼다. 반품이었다. 온라인 쇼핑몰의 특성상 쉽게 반품이 이루어진다는 것이다. 쉽게 구매하고 쉽게 반품을 한다는 것을 예상치 못했다. 적은 자금으로 어렵게 공장에서 물건을 사입하여 배송까지 했는데 반품이 하나둘씩 쌓이기 시작했다. 우린 그나마 조금 가지고 있던 자금이 모두 바닥이 났고 사업은 다시 움직일 수 없었고 형님이 도와주셨던 자금이 모두 소진되었을 때 막막한 상황에 놓여 있었다.

예전의 나였다면 사업의 가능성이 보였기에 사람을 찾아가 투

너는 나를 믿니

자를 권유하고 돈을 구하러 다녔을 것이다. 그러나 하나님이 어떻게 이끄시고 우리 가정을 어떻게 사용하실지 따라가기로 작정했기에 아내와 난 다시 한 번 죽으면 죽으리라 하고 하나님의 움직임을 기다리며 고객들에게 주문을 취소해 달라는 전화를 다시 돌리기 시작했다. 품절이 되어 물건을 보내 드릴 수 없다고 전화를 돌리니 웬일인지 주문이 더 들어왔다. 아마 사람들은 쏘우의 상품은 바로 구매하지 않으면 살 수 없는 인기가 많은 상품인가 보다 이렇게 받아들인 모양이다. 아내와 난 더 고통이었다. 잘되어 가고 있는데 버틸 자금적 능력이 없었다.

이 상황을 형님에게 말씀을 드렸는데 형님은 동네에 살고 있는 형수와 함께 여성분들을 보내셨고 그분들은 재고를 구매해 주셨다. 또한 교회 목장에 이런 상황을 말씀드렸더니 목장의 식구들이 오셔서 재고를 사 주셨다. 이렇게 하나님은 어려울 때마다 천사를 보내셨고 도와주셨다. 어려운 순간순간을 넘기면서 아내와 난 하나님의 살아 계심을 매일 보았다. 어느덧 아내와 난 하나가 되어 가고 있었다. 영적으로나 모든 것이 하나가 되어 가고 있었다. 가끔 싸움이 있었지만 싸움의 내용과 흐름은 과거와는 다른 싸움이었다. 화해하기를 노력하고 미안하다는 말을 서로에게 하기 시작했다.

어느 날 아내와 대화하던 중 나는 아내에게 나에게 사과해 달라고 부탁을 하였다. 내가 수용 생활을 할 당시에 당신이 너무 힘들고 어려워서 아이들과 더 잘 버텨 보기 위해 한부모 가정을 신청할 목적으로 나에게 이혼을 요구했던 것을 진심으로 사과해 달라고 말했다. 그래야 내 마음이 정리가 될 것 같고 당신을 미워하는 마음이 없어질 것 같다고 말했다. 내가 당신과 아이들을 너무 사랑하는데 이렇게 당신과 싸우면서 사는 삶이 너무 고통스럽다고 했다. 아내는 나의 말을 듣고 진심으로 내게 사과를 했고 미안하다고 말하며 나를 안아 주었다. 환경에 눌려 자신의 생각이 부족했고 잘못된 선택을 하여 당신에게 많은 상처를 준 것 같다며 울며 사과를 했다. 나는 아내를 꼭 안아 주었다.

"여보, 고마워. 내가 못난 사람이잖아. 얼마나 못났으면 당신과 아이들을 이 고생을 시킬까. 그리고 당신이 어쩔 수 없이 그런 선택을 할 수밖에 없었던 것도 이해는 되는데 내가 많이 아팠거든. 약 2년을 너무 아팠는데 그게 당신을 향한 미움과 원망으로 자라 버려서 당신을 너무 사랑하면서도 속에서 분노가 올라와 참을 수가 없었어. 당신이 이렇게 진심으로 사과해 줘서 고마워. 내가 이제부터 달라질게. 많이 노력해 볼게. 한 번에는 안 되겠지만 지금부터는 노력해 볼게. 우리 예전처럼 다시 남들이 부러워할

너는 나를 믿니

정도로 사랑하며 살자. 그리고 아이들이 더 이상 상처받지 않도록 우리 노력하자"라고 말하며 꼬옥 안아 주었다.

아내도 5년 동안 자신을 고생시키고 집에 돌아와서 오히려 화를 내고 미워하고 원망하는 모습이 너무 싫고 힘들어 당신이 정말 미웠고 원망스러웠는데 이렇게 당신이 사과를 원하고 당신이 왜 그랬는지 이유를 알게 되니 이제 되었다며 자신도 더 이상 싸움을 하지 않도록 노력하고 달라지겠다고 하였다.

우린 그 후에도 싸움을 했다. 지금도 가끔 싸움을 하기도 한다. 그러나 지금의 싸움은 의견 충돌이고 사랑 싸움이다. 아내가 너무 사랑스럽다. 그리고 난 아내를 처음 본 순간부터 지금까지 변함없이 여전히 아내를 사랑한다. 내 사랑은 바보 같다. 어찌 이렇게 이 사랑은 변함이 없을까? 아마도 하나님께 기도하여 맺어진 인연이어서 그럴 것이다. 하나님은 이렇게 축복을 주셨고 아내와 나의 관계를 회복시켜 주셨다. 긴 시간이었다. 4년의 시간이 흐른 뒤에야 아내와 난 회복되었다. 마귀는 이렇게 우리의 삶 속에 깊숙이 들어와 우리를 무너트리려 한다. 그래서 더욱 깨어 있어야 한다.

'오직 성령이 너희에게 임하시면 너희가 권능을 받고 예

루살렘과 온 유대와 사마리아와 땅 끝까지 이르러 내 증인이 되리라 하시니라'(사도행전 1:8)

　아무리 노력하고 힘을 써 보아도 우리의 능력으로는 이 마귀의 계략을 당해 낼 수가 없다. 오직 복음만이 가능하다. 하나님의 복음이 들어와야 관계가 회복되고 살아난다. 교육이나 시스템이 아니다. 제자훈련을 아무리 받아도 불가능하다. 예수님도 3년 반 동안 제자들을 훈련시키셨지만 제자들은 예수님의 부활과 승천을 보고도 결국에는 다시 고기를 잡으러 갔다. 오직 성령만이 가능했다. 주님이 보내신 보혜사 성령이 마가의 다락방에 모여 기도한 이들에게 임하고 나서야 제자들이 변하였다. 그래서 우리는 더욱 성령님을 사모해야 한다. '내 삶에 더 임하소서. 나를 더 만져 주옵소서. 나를 더 변화시켜 주옵소서' 기도해야 한다. 아내와 난 우리 가정에 임한 복음과 성령님의 운행하심에 무릎을 꿇었다. 더 이상 비틀거리지 않겠다고 우리에게 굳건한 믿음을 더 주시라고 기도한다. 믿음의 여정이 힘들고 괴로우면 찬양하고 공급하심이 필요하면 기도하면서 하나님의 때를 기다린다. 우리 가정이 만난 하나님은 불가능이 없으신 하나님이시기 때문이다.

　　　　　　　너는 나를 믿니

'사랑하는 자여 네 영혼이 잘됨 같이 네가 범사에 잘되고
강건하기를 내가 간구하노라' (요한삼서 1:3)

우리의 영적 회복은 정말 중요하다. 우리는 말씀으로 많이 보
고 들어서 알고는 있지만 영적 회복이 얼마나 중요한지를 모른
다. 오직 자기 소견대로 옳은 대로가 먼저이기 때문에 영적인 부
분에 예민하게 반응하지 않는다. 나와 아내 역시 그랬다. 내 안
에 있는 상처가 먼저였고 내 아픔이 먼저였고 언제나 내가 먼저
였다. 내가 원하는 것에 앞서 있었고 하나님의 원하심에는 관심
이 없었다. 눈앞에 보이는 세상 것들에 취해서 비틀거리고 있었
다. 그게 무엇이라고 그토록 치열하게 싸우며 4년을 지나 왔을
까. 우린 보이지 않았다. 아니, 알고 있었지만 그것을 이길 능력
이 없었다. 감정에 치우쳐 이리저리 흔들리고 살아왔던 것이다.
그러니 미성년인 아이들이 고스란히 모두 상처를 받았다. 이
것이 대를 이어 물려주는 마귀의 계략인데 우린 마귀에게 넘어
갔다. 성경은 말하고 있다. 원수를 용서하라, 사랑할 수 없는 사
람을 사랑하라, 왼쪽 뺨을 맞으면 오른쪽 뺨을 대 주고, 오 리를
가자 하면 십 리를 가라고 말씀하신다. 이 말씀 앞에 순종으로 말
씀대로 살아내지 못하는 내가 과연 하나님의 아들일까? 내가 과

연 하나님을 믿는 사람 맞을까?

진심으로 회개를 한다. 하나님, 내가 죄인입니다. 내 안에 죄성이 어찌나 이토록 많은지요 내가 진짜 죄인 중에 괴수입니다. 용서하여 주옵소서. 이런 죄인을 얼마나 사랑하시는지 이 땅에 태어나기 전부터 선택하시고 나보다 먼저 나를 사랑하신 은혜와 내 죄를 위해 이 땅에 오셔서 그 모진 고난을 당하시고 십자가에서 돌아가셨으니 이 은혜를 어찌 감당할 수 있을까요.

아내와 난 서로에게 진심 어린 사과를 하고 용서를 구하고 나서 우리는 다시 하나가 되었다. 아무것도 아니었는데 이걸 하는 데까지 4년이 걸렸다. 하나님의 복음이 아니면 성령님이 아니면 예수님이 아니면 어찌 가능했을까? 또한 아내와 나를 사랑하시는 하나님의 사랑과 은혜가 아니면 그 무엇이 가능케 했을까? 내가 4년 동안 발버둥 치며 노력했지만 안 되었던 영적 회복의 승리가 이제야 되었다. 하나님의 사랑과 은혜로다.

8) 환경적 회복의 은혜

아내는 소명으로 주어진 쏘우를 매일 최선을 다해 운영하였고 매일 골리앗과 같은 세상을 향해 다윗과 같은 믿음으로 예수 그리스도의 이름으로 매일 준비하고 싸워 나간다. 주문이 들어오고 배송하면 반품이 들어오기를 반복하니 우린 다시 자금이 바닥이 났다. 어찌 이런 일이 또 우리 앞에 찾아온 걸까? 최선을 다했는데 결과는 또 앞이 보이지 않았다. 아내와 난 어차피 죽으면 죽으리라 마음을 굳게 한 터라 우리가 할 일에 최선을 다하고 나머지는 하나님께 맡기자 다짐하고 기도하며 하루하루 지루한 싸움이었지만 버텨 갔다. 속이 문드러지는 시간의 연속이었다.

그렇게 시간이 흐르던 중에 서울에 계신 장인어른과 장모님께서 우리 집에 방문하셨다. 장인어른께서는 나에게 많은 충고 어린 말씀을 하셨다. 그렇게 사업도 잘하고 성실하게 살던 사람이 이게 뭐냐고, 왜 이렇게 살고 있느냐고 가슴 아파 하시며 눈물을 흘리셨다. 나는 비통했다. 하나님만이 나는 살길이었고 하나님만이 나에게 전부였기에, 딱히 다른 방법을 생각해 보지 않았기에, 난 내 길이 맞다고 생각했기에 이 길을 걸어가고 있는 중인데 가장 가까운 장인어른이 가슴 아파하시는 걸 보니 마음이 무너져 내렸다.

"아버님, 죄송합니다. 저희 잘되고 있습니다. 저희 하나님만 바라보고 잘 가고 있으니 조금만 기다려 주세요. 하나님은 결코 저희 가정을 버리지 않으세요. 제가 한때는 큰 사업을 하였지만 지금 바닥에 앉아 옷에 붙어 있는 실밥을 제거하면서 얼마나 행복한지 몰라요 아버님이 보시기에는 불쌍해 보이시고 가슴 아프시겠지만 저희 정말 좋아지고 있습니다. 아내와 함께 잘 살아 보겠습니다. 아무 걱정 마시고 맘 편히 쉬세요" 말씀은 드렸지만 장인어른께서는 한숨을 쉬시고 일어나셨다. 너무 죄송하고 죄송했다. 금쪽같이 키운 딸을 이토록 고생시키는 사위가 얼마나 미우셨을까? 얼마나 속이 상하셨을까? 나는 어찌할 바를 몰랐다. 그날 장인어른은 아내에게 300만 원을 주시면서 힘내서 잘 살아 보라 하셨고 서울로 향하셨다.

다음 날 오후에 장모님에게서 전화가 왔다. 지금 우리 집 앞에 왔으니 잠시 내려오라는 말씀이었다. 아니, 어제 가셨는데 갑자기 연락도 없이 웬일인가 싶어 달려 내려갔고 장모님께서는 큰 가방을 하나 들고 오셨다. 서울에 올라가셨는데 아버님이 당장 내려가라고 하셔서 오셨다는 것이다. 도무지 이유를 알 수 없어

너는 나를 믿니

아내와 난 어리둥절하였고 일단 장모님께 사정을 들어 보기로 했다. "장모님, 무슨 일이세요" 여쭈었을 때 말씀하시길 서울에 올라갔는데 장인어른께서 잠을 한숨도 못 주무시고 장모님께 계속해서 내일 아침에 새벽 차로 우리에게 내려가라며 한 가지를 주셨다고 하였다.

우리가 장인어른이 보내신 가방을 열어 보니 큰 박 같은 돼지 저금통이 하나 있었는데 이 돼지 저금통을 빨리 우리에게 전해 주라고 하셨다는 것이다. 이게 무슨 일인가 싶었고 이걸 왜 급하게 우리에게 보내셨을까 궁금한 마음을 가득 안은 채 아이들과 함께 그 돼지 저금통을 열기 시작했다. 돼지 저금통은 무거웠고 꽉 차 있었다. 동전과 지폐와 수표로 가득 차 있었다. 모두 정리하여 세어 보니 1,360만 원이었다. 우린 기절하는 줄 알았다. 이건 또 무슨 일인가? 어찌 이런 일이 또 있을까? 하나님 이 일은 도대체 무엇인가요? 어찌 이토록 우리를 사랑하시나요? 그냥 울었다. 우린 모두 울고 있었다.

장모님께서 말씀하시길 장인어른께서 사위가 집에 오면 조금이라도 힘을 내서 일을 할 수 있도록 당신이 건강하실 때 일을 하며 7년 동안 때로는 동전을 때로는 천 원짜리 지폐를 때로는 만 원짜리를, 때로는 오만 원짜리를 때로는 10만 원짜리 수표를 모으셨다고 한다. 이 피와 땀과 눈물로 모으신 돈을 어찌 사용할 수 있을까? 나는 아내와 함께 상의하여 아이들에게 200만 원씩 나눠 주기로 했다. 각자에게 통장을 만들어 나누어 주었다. 장인어른의 헌신을 우린 잊을 수 없었다. 육신의 아버님의 사랑을 우리 흠뻑 받았다. 돈이 아니라 이 돈을 모으시는 과정에 나와 우리 가정을 향하신 아버님의 사랑이 가득하셨기에 아버님의 모든 사랑을 다 받았다. 그래서 육신의 아버님께도 우리는 많은 빚을 지었다. 이 받은 은혜를 어찌 다 갚아야 할지 감당할 수 없다.

하나님은 나와 우리 가정을 너무나 사랑하신다. 왜 이리도 우리를 섬세하게 간섭하고 계시는 걸까? 우리 가정을 향한 사랑이 어쩜 이렇게 크실까? 내가 무엇이라고 나와 우리 가정이 무엇이라고 이토록 사랑하시고 은혜를 베푸실까? 아, 나를 향한 하나님의 은혜는 말로 다할 수가 없구나. 나는 분명 복음에 빚진 자다. 이 복음에 빚을 어찌 다 갚을 수 있을까? 남은 이 생을 살아가면서 나는 복음을 위해 무엇을 하여야 할까? 내가 받은 이 사랑을 어떻게 전할까? 매일 고민하며 살아간다. 아내는 장인어른께서 보내 주신 자금으로 다시 한번 힘을 내어 쇼우를 재정비하고 힘써 일을 하였다.

그러던 어느 날 불가능한 일이 생겼다. 네이버 쇼핑 스토어에

는 스토어마다 매출에 따른 등급 기준이 있다. 특히 라이브방송
으로 상품을 판매할 수 있는 등급 기준이 있다. 쏘우는 매출 및
모든 기준이 미달되어 라이브방송은 그림의 떡과 같아서 우리에
게는 간절한 소망이었다. 그러나 이게 웬일인가. 기준 미달인데
라이브방송을 할 수 있게 열린 것이다. 그토록 소망했던 라이브
방송이 가능케 되었다. 문제는 누가 할 것인가 였다. 아내는 전
혀 라이브방송을 해 본 경험이 없다. 특히 라이브방송은 보통 일
이 아니었다. 나는 아내에게 좋은 기회가 왔으니 한번 도전해 보
라 권하였고 아내는 기도해 보겠다고 하였다. 아내는 전혀 경험
이 없는 터라 섣불리 시작할 수 없는 일이었다.

　아내와 난 2개월을 기도했다. 어쩜 미뤄 왔는지도 모른다. 그러
나 하나님은 이런 아내를 가만두지 않으셨다. 할 수밖에 없는 환
경으로 몰고 가시는 하나님이시기에 아내는 결국 순종하여 새로
운 도전을 하였다. 카메라 앞에 서 본 경험이 없는 사람이 무슨 말
을 어떻게 시작하여야 할지 몰랐고 전혀 방향과 방법을 몰랐다.

　나는 아내에게 한 가지 제안을 해 주었다. '우리가 하나님의 은
혜를 많이 받았고 받은 은혜를 세상에 전해야 하는데 이 온라인
라이브방송은 전 세계로 송출이 되니 당신이 미디어 사역을 하면
좋을 것 같다. 옷을 팔기 위해 당신이 카메라 앞에 서지만 미디어

사역자로 섰으면 좋겠다' 권면하였고 아내도 "맞아요. 내가 과거에 아이들 낳고 몸의 변화 때문에 많이 고민했고 산후 우울증도 심해서 고통스러웠는데 아마 나와 같은 중년 여성들이 그런 고충을 안고 살아가고 있을 것 같아요. 그럼 내가 그 사람들에게 위로의 메시지를 전하면서 소통의 창을 만들어 볼게요"라고 말하고 아내는 짧은 메시지로 시작하였다. 반응은 아주 좋았다. 신선한 라이브방송이었다. 옷을 팔려고 하기보다는 소통하고 위로하고 함께 나누는 방송을 하다 보니 함께 울어 주는 시간도 많았다.

역시 아내의 생각대로 중년 여성들이 안고 있는 상처들이 아주 많았다. 자녀들 문제, 남편과의 문제, 시댁 식구들과의 문제 등 수많은 갈등 속에서 말 못 하고 살아가고 있었다. 나도 남자로서 많은 것을 듣고 알게 되었다. 그동안 알지 못했던 아내들과 중년 여성들의 고충에 대해 이해하게 되었고 알게 되었다. 때론 나도 많이 울기도 했다.

주문은 알아서 들어왔다. 우리 가정이 먹고살 만큼은 되어 가고 있었다. 아내는 우리가 하나님의 일을 하면 하나님은 우리의 일을 하실 것이라는 믿음을 가지고 있었다. 그렇게 하루하루 우리는 살아가고 있다. 매일 하나님의 보내심과 움직이심 안에서, 공급하심 안에서 우리는 살아가고 있다. 우리가 어찌 이런 일을 하고 살아갈 수 있을까? 하나님은 우리를 이렇게 사용하고 계신다. 우리 가정의 내일은 모른다. 그건 전적으로 하나님의 소관이시다. 아이들의 미래도 알 수가 없다 다만 그날그날 이끄심에 따라 잘 분별하여 아이들을 양육하고 있다. 아내의 쏘우는 나날이 성장해 가고 있다. 여기저기에서 쏘우가 계속 성장하는 것을 보고 문의가 온다. 한 관공서에서는 온라인쇼핑몰의 성공사례로 올리기도 했다. 우리는 기억한다. 분명히 말할 수 있다.

> '네 영혼이 잘됨 같이 네가 범사에 잘되고 강건하기를 내
> 가 간구하노라' (요한삼서 1:2)

이 말씀은 살아 계신다. 분명히 영혼이 먼저 살아야 한다 그다음에 범사가 따라온다. 우리는 먼저 범사가 잘되기를 소망한다. 그러나 우리가 원하는 것 말고 하나님이 원하시는 것이 무엇일까? 말씀하시고자 하는 것이 무엇인지 명확히 알아야 한다. 방법을 바꾸어야 산다. 세상은 꿈꾸는 대로 이루어진다고 말한다. 그러나 세상적 꿈은 언제나 거기까지다. 꿈대로 이루어지는 것이 아니라 하나님의 말씀대로 이루어진다. 하나님의 말씀은 분명 생명이다.

7.

순종

'사자가 이르시되 그 아이에게 네 손을 대지 말라 그에게 아무 일도 하지 말라 네가 네 아들 네 독자까지도 내게 아끼지 아니하였으니 내가 이제야 네가 하나님을 경외하는 줄을 아노라' (창세기 22:12)

어느 날 고등학생인 큰딸과 중학생인 아들에게 물었다. "만약 아빠가 아브라함처럼 너희들을 데리고 가서 번제로 제사를 드리라는 하나님의 음성을 듣고 아빠가 너희를 데리고 가서 번제로 드린다면 너희는 어떻게 할 거니" 물어보았다. 물론 아이들의 반응도 궁금했고 나는 할 수 있을까 의문도 있었다. 큰딸은 이렇게 대답하였다. "아빠, 난 절대로 할 수 없어요. 나는 아직 세상을 살아 보지도 못했는데 이 나이에 벌써 죽는다면 너무 억울할 것 같아서 나는 못 해요"라고 답했다. 극히 현실적인 큰딸의 반응에 동의가 되면서도 왠지 서운함이 들었다. 아빠가 이 질문을 왜 했을까 전혀 생각하지 않고 자신의 생각과 자신의 육신의 안위를 먼저 생각하는 대답에 서운함이 들었다. 사실 큰딸다운 반응이었다. 나라도 그리 대답했을 터이니 말이다.

"그래, 딸아, 너의 생각도 맞아. 그러나 왠지 아빠가 서운한 생각이 든단다. 이유는 잠시 후에 나눠 보자" 하고 아들에게 물었다. 아들은 어떻게 할래 물으니 한참을 망설이다 대답하기를 "아빠, 나는 따라갈 수도 있을 것 같아. 아빠가 가자고 하니까 따라갈 수 있을 것 같아" 하길래 "그래, 아들아, 그런데 번제라는 것은 죽여서 배를 갈라 가죽을 벗기고 불에 태워 하나님께 드리는 제사가 번제란다. 아빠가 너를 눕혀 놓고 칼로 너의 배를 찌르려 한다면 가만히 누워서 대 줄 수 있을 것 같아?" 물었을 때 아들은 "어~ 그건 아니지요"라고 말하며 머뭇거렸다. 사실 말도 안 되는 질문이고 엉터리 같은 황당한 아빠의 질문에 큰딸과 아들의 솔직한 답변이었다.

"애들아, 그래, 참 어려운 질문이고 답변하기 힘든 질문이지. 그러나 성경에 창세기를 보면 아브라함이란 아빠와 이삭이라는 아들이 있단다. 아브라함 아빠가 하나님으로부터 아들 이삭을 번제로 드리라는 말씀을 들었고 아빠 아브라함은 아들 이삭을 데리고 3일 동안 걸어가서 아들에게 나무를 지게 하고 번제단이 있는 산으로 올라갔는데 올라갈 때 아들이 아빠에게 묻기를 '아빠, 번제 드릴 때 사용할 불과 나무는 있는데 왜 번제물이 없

어요'라고 물었을 때 아빠는 '응, 하나님이 준비해 놓으셨을 거야'
말하고 산 정상에 올라가서 함께 제단을 만들고 나무를 올려놓
고 아브라함이 아들 이삭을 묶어 제단 위에 눕혀 놓고 칼로 아들
의 배를 찌르려 할 때 하나님의 음성이 크게 있었는데,

> '아브라함아 아브라함아 사자가 이르시되 그 아이에게 네
> 손을 대지 말라 그에게 아무 일도 하지 말라 네가 네 아
> 들 네 독자까지도 내게 아끼지 아니하였으니 내가 이제
> 야 네가 하나님을 경외하는 줄을 아노라 그때 아브라함
> 이 눈을 들어 살펴본즉 한 숫양이 뒤에 있는데 뿔이 수풀
> 에 걸려 있는지라 아브라함이 가서 그 숫양을 가져다가
> 아들을 대신하여 번제로 드렸더라' (창세기 22:12~13)

성경에 이 이야기가 있어서 아빠가 너희에게 질문을 해 보았단
다. 아브라함 아빠는 하나님의 음성을 듣고 믿음으로 아들을 제
물로 드렸단다. 그러나 이삭은 하나님의 음성을 들은 것도 아니
고 그냥 아버지의 말에 순종하고 자신을 제물로 드렸단다. 하나
님의 이해할 수 없는 요구 앞에 아브라함은 믿음을 보이고, 이해
되지 않는 아빠의 요구 앞에 이삭은 순종을 보였단다.

너는 나를 믿니

애들아, 세상을 살다 보면 때론 하나님은 우리가 이해되지 않는 요구를 하실 때가 있단다. 그때는 결단을 해야 한단다. 내가 아는 내가 될 것인지, 내가 원하는 내가 될 것인지, 아니면 하나님이 아시는 내가 될 것인지, 하나님이 원하시는 내가 될 것인지를 결정해야 한단다. 아브라함은 하나님이 원하시는 나를 결정하였고 자신의 생각으로는 도저히 이해되지 않는 하나님의 요구 앞에 믿음으로 걸어가서 하나님을 만났단다. 아들 이삭 대신 숫양을 예비하신 하나님을 만났단다.

아빠는 너희들이 이런 하나님을 꼭 만나기를 소망한단다. 인생을 살아가면서 이런 하나님을 경험하지 못한다면 어찌 하나님을 믿는다고 말할 수 있을까. 그러나 너희들은 이미 이런 하나님을 만났단다. 우리가 돈이 없어 차를 살 수 없을 때 우린 믿음으로 가정에 자동차를 보내 주시라고 함께 7개월을 기도했더니 지금 우리가 그 자동차를 타고 있잖니. 아빠와 너희들은 이미 예비하시는 하나님을 만난 것이니 이것을 꼭 기억하고 하나님은 반드시 살아 계시고 우리와 함께 계심을 잊지 않기를 바란단다.

그리고 이삭은 아무것도 모르고 아빠가 원하는 대로 모든 것을 순종했고 자신이 아는 이삭, 자신이 원하는 이삭이 아니라 아버지가 원하는 이삭이 되었단다. 하나님은 이런 이삭을 축복하시어 먼저는 아빠 아브라함과 함께 예비하시는 하나님을 만났고 하나님은 이삭에게 가장 많은 축복을 주시고 평안한 삶을 허락하셨단다.

세상을 살아가면서 쉽지는 않겠지만 아주 작은 것부터 집에서부터 순종하는 삶을 연습해 보았으면 좋겠구나. 사람은 근본적으로 죄성을 가지고 태어나서 죄를 많이 짓고 살아간단다. 청소년기에는 방문을 닫고 잠그기 시작하면 벌써 죄를 짓기 시작하고 특히 너희들이 손에 들고 있는 핸드폰은 너희를 가만두지 않을 것이다. 아빠 너희들이 핸드폰을 이기는 자들이 되기를 바란단다. 핸드폰은 내가 필요한 것을 찾아보고 필요한 곳에 연락을 주고받는 기계이지, 자신의 삶이 하루 종일 핸드폰에 빠져 산다면 결국에는 핸드폰 속에 있는 마귀들에게 넘어가 죄를 지며 살 수밖에 없단다. 너희들이 이 순종을 조금씩 연습해 보았으면 좋겠구나"라고 이야기해 주었다. 나는 아이들에게 이 이야기를 해주면서 많은 생각이 들었다. 나도 잘하지 못하고 있는 믿음과 순종을 전하고 있구나. 그러나 아빠로서 아이들에게 전해 주고 싶은 말씀이었다. 분명 성령님이 이 아이들을 만져 주시고 이끌어 주실 것을 믿는다. 지금까지 나와 함께하시고 살아 계신 하나님이 아이들에게도 영원히 함께하실 것을 믿는다.

'시몬 베드로가 대답하여 이르되 주는 그리스도시요 살아 계신 하나님의 아들이시니이다 예수께서 대답하여 이르시되 바요나 시몬아 네가 복이 있도다 이를 네게 알게 한 이는 혈육이 아니요 하늘에 계신 내 아버지시니라' (마태복음 16:16~17)

나는 아이들이 하나님을 잘 믿는 아이들로 자라길 기도한다. 부모가 믿음이 좋다고 해서 부모님이 목사라서 선교사라서 장로라서 집사라서 또는 교회에서 봉사를 많이 하고 기도를 많이 한다고 해서 부모가 예배를 잘 드린다고 해서 아이들이 믿음이 좋다고는 생각하지 않는다. 각자의 믿음이기 때문이다. 믿음의 동역자 역할은 할 수 있으나 내가 믿음이 좋다고 해서 아이들이 믿음이 좋을 것이라고 생각한다면 그건 많은 생각이 필요하다.

언젠가 같은 내용으로 큰딸이 한 번, 아들이 한 번씩 나를 놀라게 한 말이 있다. 핸드폰을 보고 당연하게 여기고 아빠에게 하는 말이다. "아빠, 나도 성인이 되면 성인식 날 제일 먼저 편의점에 가서 술을 살 거야"라고 말했다. 큰딸이 먼저 나에게 말해서 놀랬는데 얼마 후 아들이 똑같은 말을 해서 난 이 아이들에게 분명하게 해 주어야겠다는 생각이 들어 아이들과 이야기를 나눴다.

"애들아, 집에서 아빠가 술을 마시니, 엄마가 술을 마시니? 도대체 어디에서 그런 말을 듣고 아빠에게 그런 말을 쉽게 당연하다는 듯 하는지 모르겠구나. 아빠와 엄마는 너희들 앞에서 싸움은 많이 하였지만 술을 마시며 흥청망청 사는 모습을 보인 기억이 없는데 너희들의 말을 듣고 너무 놀랐단다. 너희들이 보고 있는 유튜브에서 또는 쇼츠 영상에 올라와 보여 주는 영상이 전부가 아니란다. 술은 모두 나쁘다고는 말할 수 없지만 옛말에 술을 한 잔 마시면 기분이 좋아지고 두 잔을 마시면 원숭이가 되고 세 잔을 마시면 개가 된다는 말이 있단다."

"아빠, 왜 원숭이가 되고, 개가 돼요?" 큰딸이 질문을 하였다.

"응, 딸아. 한 잔의 의미는 적당히 마시는 것을 말하는 것이고, 원숭이가 되었다는 것은 원숭이처럼 춤을 추며 날뛸 정도로 많이 마셨다는 의미이고, 개처럼 되었다는 의미는 아주 많이 마셔서 미친 개처럼 자신을 통제할 수 없을 만큼 마셨다는 의미란다.

술은 누구와 마시느냐, 누구에게 술을 배우느냐와 어떤 기분의 상태에서 마시느냐가 아주 중요하단다. 무분별한 친구들과 술 마시는 것을 배우기 시작한다면 무분별한 삶을 살 가능성이 높고, 어른에게 술을 배운다면 술 마시는 예절을 배워서 실수 없는 삶을 살 수 있단다. 또한 기분이 아주 안 좋은 상태에서 술을 배운다면 가장 위험한 거란다. 자신을 통제할 수가 없고 우울하거나 스트레스가 있으면 가장 먼저 술을 찾게 되어 결국에는 알코올중독에 빠질 위험이 아주 많단다. 그래서 술은 누구에게 어떻게 배우느냐, 자신의 마음 상태가 어떤 상태에서 배워야 하는지가 아주 중요하고 술 예절을 꼭 배워야 한단다. 나중에 너희들이 성인이 되면 아빠가 가르쳐 주마."

말하면서 왠지 마음이 무거웠다. '내가 아무리 하나님을 향한 믿음의 경주를 하고 있어도 아이들은 다를 수 있구나. 이 아이들이 믿음으로 세상을 이겨 나갈 수 있도록 잘 양육하고 알려 주어야겠구나' 생각했다. 예수님이 말씀하신 것처럼 믿음은 혈과 육으로는 할 수 없다. 오직 하늘로부터 주어지는 선물이다. 그래서 가장 필요한 것은 하나님의 말씀이다. 성경을 가르쳐야 한다고 생각했고 말씀을 통해 이 아이들을 더 잘 양육하고 하나님께 자신을 매일 세우는 연습을 시키는 중이다.

우리 가족은 매주 금요일에 축복의 시간을 갖는다. 아이들이 더 자라기 전에 금요일 저녁에 모여 서로에게 축복을 해 주고 한 주간 하나님과 어떻게 동행했는지, 한 주간 삶 속에서 하나님의 방법을 어떻게 선택해 보았는지를 나눈다. 처음에는 왜 금요일에 이런 것을 하느냐며 아이들이 반항도 하였지만 반강제적으로 시작했다. 그러나 지금은 아이들이 더 이야기보따리를 풀어놓는다. 아이들이 더 기다린다. 아내와 난 이 시간을 통해 아이들을 예수님의 이름으로 축복해 주고 아이들도 엄마, 아빠를 축복해 준다. 그리고 각자의 고민을 나누고 학교생활과 친구 관계에서 어려운 부분을 나누고 서로 도와준다. 한 주간 하나님과 어떻게 동행했는지를 나누며 다음 한 주간도 하나님의 인도하심을 기대하며 기도 후 마친다.

　우리 가족은 이 시간이 너무 소중하다. 그동안 엄마, 아빠와 멀어져 있던 마음을 열고 대화하고 인간관계를 알아 가고 배워 간다. 난 이 시간을 통해 아이들에게 하나님을 더 전하고 싶다. 아이들에게 하나님이 지금까지 우리를 어떻게 인도하셨고, 함께하셨는지 그리고 우리가 받은 은혜가 얼마나 많은지 알려 주고, 우리 가족에게 지금까지 하셨던 것처럼 앞으로도 행하실 하나님을 알려 주고 싶다. 그래서 금요일 저녁이 더 기다려진다. 또한 하나님을 향한 믿음이 더 자라게 해 주고 싶다. 내 믿음이 아니라 각자의 믿음이기에 아이들 각자의 믿음이 더 자라도록 해 주고 싶다.

1) 성경 속 믿음의 거장들 삶

'이튿날에 왕이 새벽에 일어나 급히 사자 굴로 가서 다니
엘이 든 굴에 가까이 이르러서 슬피 소리 질러 다니엘에
게 묻되 살아 계시는 하나님의 종 다니엘아 네가 항상 섬
기는 네 하나님이 사자들에게서 능히 너를 구원하였느냐
하니라' (다니엘 6:19~20)

다니엘은 죽을 줄 알면서도 믿음으로 사자굴에 들어가는 순종
과 믿음의 뜻을 굽히지 않는 믿음의 소유자였다. 참으로 남자답
고 담대한 믿음의 소유자였다. 다니엘과 같은 믿음을 달라고 부
르짖어 기도했던 기억이 있다. 요즘 나의 믿음은 아스팔트와 같
다. 마음이 오래 쓴 도구와 같이 날이 무뎌진 믿음이다. 나이가
먹으면 믿음이 더 강건해져야 할 텐데 오히려 탁탁한 마음만 남
아 있다.

다니엘과 같은 믿음을 달라고 다시 기도합니다. 주님, 다니엘
은 나이가 먹어도 여전히 변함없는 믿음으로 생을 마감했는데
어찌하여 이 몸은 세상에 녹아 이토록 유약한 믿음으로 변질되

어 버렸을까요? 주님, 도와주세요. 내게 믿음을 새롭게 하옵소
서. 나를 불쌍히 여겨 주옵소서. 세상이 아닌 주님에게 녹아 성
숙된 믿음의 소유자로 변화시켜 주옵소서. 다니엘과 같은 담대
한 믿음의 소유자, 결단의 소유자가 되게 하시고 믿음을 선택할
수 있는 용기를 주옵소서. 더 이상 세상의 환경에 흔들리지 않는
믿음의 소유자가 되게 하옵소서. 예수 그리스도 이름으로 기도
드립니다. 아멘.

'노아가 그와 같이 하여 하나님이 자기에게 명하신대로
다 준행하였더라'(창세기 6:22)

노아는 하나님의 음성을 듣고 120년간 방주를 만들었고 하나
님이 명하신 대로 다 준행하였다고 성경에 기록되어 있다. 노아
는 어떻게 120년을 순종할 수 있었을까? 주변에 있었던 사람들은
노아에게 미친 사람이라고 수많은 비난과 욕을 했을 것이다. 노
아는 방주를 만들면서 사람들에게 말했을 것이다. "사람들아, 하
나님이 세상을 물로 심판하신단다. 와서 같이 방주를 만들자. 함
께 하나님의 구원의 방주로 들어가자" 외치면서 말했을 것이다.
사람들은 노아에게,

"이 미친 노아야, 네가 그렇게 말한 지 100년이 되었다. 네가 낭비한 시간과 재물을 보아라. 넌 완전히 미친 짓을 하는 거란다."

"노아 이 미친 사람아, 네가 말한 지 110년이 되었다. 넌 완전히 미친 짓을 하고 있는 거란다."

"노아야, 네가 말한 지 119년이 되었다. 도대체 그 미친 짓을 언제까지 할 거냐. 너희 가족들을 봐라. 완전히 망해 가고 있다. 그만 포기하고 편하게 살아라." 말하며 얼마나 비난을 했을까. 그러나 하나님의 때가 되어 120년 만에 하늘에서 비가 내리기 시작했고, 마침내 온 세상은 물로 심판을 받았고 노아의 가족들만 방주 안으로 들어가 생명을 구하였다. 노아의 인내심은 정말 대단하다.

어떻게 120년을 인내하며 한결같이 순종할 수 있었을까? 중간에 포기하고 싶은 마음은 없었을까? 지금의 난 믿음의 길을 걸어가는 게 너무 힘이 들어서, 때론 포기하고 싶고 세상이 좋아 보여 자꾸만 세상을 바라보는데, 참으로 형편없는 나의 이 믿음을 어찌하면 좋을까? 겨우 20여 년 믿음의 여정을 살아오면서 수없이 넘어지고 넘어지기를 반복해서 왔거늘 난 왜 이렇게 유약한 존재일까? 좀 더 담대하고 인내심이 있는 믿음의 소유자가 될 수는 없는 걸까? 언제쯤 난 온전한 믿음의 소유자가 되어 이 땅에서 천국을 누릴 수 있을까?

난 살아온 지난날보다 앞으로 살 날이 더 적게 남아 있다. 주님 앞에 설 날이 다가오고 있다. 주님 앞에 서면 나는 주님께 뭐라 말할 수 있을까? '넌 세상에서 무엇을 하고 왔느냐' 물으시면 뭐라고 대답을 할 수 있을까? 가정을 제대로 지키며 자녀에게 주님의 복음을 심겨 주었느냐? 세상에서 빛과 소금이 되었느냐? 용서할 수 없는 사람을 용서하였느냐? 사랑할 수 없는 사람을 사랑하였느냐? 오 리를 가자 하면 십 리를 가 주었느냐? 넌 도대체 세상에서 무엇을 하다 왔느냐? 이 질문 앞에 난 자신이 없다. 그래서 난 죄인이다.

죄인 중에 괴수다. 여전히 세상에 마음이 더 있는 나의 모습을 매일 본다. 그래도 부족하지만 난 이 믿음의 길을 포기할 수 없다. 과거에 사업을 하고 있을 때 하루는 기도원에서 기도를 마치고 나와 새벽하늘을 바라보았다. 하늘에는 큰 별이 하나 빛나고 있었다. 그때 나에게 하나님의 큰 음성이 들렸다. "얘야, 내가 너를 저 하늘의 별과 같이 빛나게 해 주겠다. 담대하라. 인내하여라. 끝까지 견디어 내라." 하셨다.

난 이 음성을 잊지 않는다. 그 음성을 들었을 때 나는 사업이 더 크게 번창하여 크게 성공할 것이라 생각했다. 그러나 그 음성을 듣고 난 후에 사업은 부도의 길로 들어갔고 내가 하던 사업은 망했다. 나는 이해되지 않는 현실과 믿음 사이에서 힘겨웠고 난 지금도 하나님의 뜻이 이해되지 않고 설명되지 않는다. 도대체 나를 무엇으로 어떻게 사용하시려고 이토록 훈련을 시키시는지 알 수가 없다. 사업에 망한 자, 죄인의 삶을 살았던 자, 가정이 무너진 자, 아내와 수없이 싸운 자, 세상의 비난과 수치를 받은 자, 여전히 세상이 볼 때는 망한 자, 신용불량자다. 난 실패자인가.

　하나님, 난 어떤 자일까요? 나를 사랑하시고 여전히 함께하신 것은 알고 믿고 있는데 나를 무엇에 쓰실 것인가요? 실패자가 되어 세상에서 아무것도 할 수 없는 나를 어찌 쓰실 것인가요? 여전히 가정과 아이들은 양육을 해야 하고 생활을 해야 하기에 맡겨진 것에 하루하루 성실하게 살아가지만 하나님의 음성을 향한 갈망은 더 커지고 더 기대를 합니다. 다니엘처럼 노아처럼 욥처럼 위대한 믿음의 거장은 될 수 없지만 지금까지 살아오면서 한 가지 말할 수 있는 건 어떤 환경에서도 하나님을 놓지 않았고 하나님의 은혜를 간구하는 삶을 살았다고 고백합니다. 하나님, 은혜를 주옵소서. 저는 거창한 기도도 할 줄 모릅니다. 나를 불쌍히 여겨 주옵소서. 이 죄인을 도와주옵소서. 여생 동안 오직 끝까지 하나님과 동행하며 살다 하나님 앞에 서게 하옵소서. 하나님을 향한 이 목마름이 식지 않게 하옵소서. 이 부족한 사람이 믿음으로 귀신을 쫓아내고 병을 고치고 능력을 행하였고 방언을 하지만 주님께서 나는 너를 알지 못한다 할까 너무 두렵고 떨립니다. 하나님 이 죄인을 불쌍히 여겨 주옵소서. 말씀에 순종할 수 있는 믿음을 주옵소서. 사랑할 수 있게 해 주시고 용서할 수 있게 해 주옵소서. 무엇보다 주의 성령을 부어 주옵소서. 내 힘으로 도저히 할 수 없으니 성령을 부어 주옵소서. 성령님, 도와주옵소서. 내 안에 계시는 예수님의 기름 부음이 내게서 흘러 나가게 하옵소서. 예수 그리스도 이름으로 기도드립니다. 아멘.

너는 나를 믿니

2) 하나님의 나라

'또 비유를 들어 이르시되 천국은 마치 사람이 자기 밭에
갖다 심은 겨자씨 한 알 같으니' (마태복음 13:31)

예수님은 이 땅에 오셔서 많은 사역을 하셨지만 하나님의 나라
를 전하셨다. 왜 하나님의 나라를 전하셨을까? 단지 내가 죽어서
가는 곳 그 나라에 대한 설명이었을까? 많이 궁금했다. 하나님의
나라는 무엇일까? 내가 죽어서 가는 나라만이 하나님의 나라라
면 이 땅에서는 하나님의 나라는 없는 걸까? 많은 사람들이 흔히
들 말한다. 내 마음 안에 하나님의 나라가 있다고 말하곤 한다.
그런데 나는 그 하나님의 나라를 왜 누리지 못하고 살고 있는 걸
까? 내 안에 예수님도 계시고, 예수님이 주신 능력으로 이 땅을
살아가는데, 내 마음은 왜 이렇게 곤고하고 힘이 드는 것일까?
내 안에 있는 세상적 욕심 때문일까? 나 자신에게 질문하고 또
질문을 한다. "너는 하나님의 나라를 누리고 살고 있니?" 이 질문
앞에 난 그렇지 않다고 말을 한다. 나는 그 이유를 온전히 알지
못하고 믿음으로 버티며 살아 내고 있다.

그래서 나는 하나님의 나라의 개념을 정리해 보았다. 백성과 영토, 주권이 있어야 나라의 요건이 된다. 주권에는 통치의 개념도 포함되어 있다. 누가 나라를 통치하는가. 그 나라의 백성 중 한 사람이 그 나라를 통치를 해야 그 나라의 주권이 있다고 본다. 그럼 하나님 나라의 통치권은 누구에게 있을까? 바로 하나님이시다. 하나님은 왕이시고 우리의 아버지이시다. 우리 삶의 통치자 하나님은 전능자이시며 내 삶의 통치자이시다. 나는 이 개념을 이제야 이해했다. 나는 나 자신을 내가 통치해 왔다. 나 자신의 통치가 하나님께 있음에도 불구하고 내가 나를 통치하며 내 멋대로 살아왔다. 하나님을 믿는다고 말하고 살아왔지만 여전히 이 통치권을 내가 가지고 있었다. 내 삶, 가정, 아이들마저도 내 통치가 아니라 하나님의 통치를 받아야 하는 것이다.

이게 하나님의 나라다. 예수님은 이 통치권을 계속해서 말씀하신 것이다. 회개란 이 통치권을 내려놓는 것이다. 이 통치권을 하나님께 내려놓는 것이 진정한 회개다. '죄를 지어서 내가 죄인입니다' 하고 회개하는 것은 반만 하는 회개다.

주님, 내가 나를 통치하였던 것을 회개합니다. 주인도 아닌 것이 주인 행세를 했습니다. 내 멋대로 품삯을 요구했습니다. 내 멋대로 믿음의 씨앗을 잘못 자라게 하였습니다. 내 멋대로 주님

너는 나를 믿니

의 통치권을 사용하였습니다. 이 죄를 용서하여 주시고 주님의 통치에 순종하게 하옵소서. 임시로 맡겨진 내 삶과 가정, 일터를 청지기로서 잘 관리하고 아이들도 주님의 방법으로 잘 양육하다가 주님이 원하시는 때에 주님 손에 드리겠습니다. 주님께서 너의 삶을 계산하자 하실 때 단번에 미련 없이 드릴 수 있는 청지기가 되게 하옵소서. 지금 세상에서 살아가는 현실의 무게가 너무도 크지만 하나님이 통치자이시면 모든 문제도 하나님의 것이요, 자녀들의 앞날도 하나님의 것이니 하나님의 뜻대로 통치하여 주옵소서. 잘 따라가겠습니다. 하나님의 통치를 앞서가지 않도록 지혜와 분별력을 주옵소서. 하나님 앞에 서는 그날까지 하나님의 통치에 굴복하게 하옵소서. 나의 거짓 자아인 내 고집과 아집으로 버티지 않게 하옵소서.

하나님의 나라는 내 통치권이 하나님께 있다는 것을 알고 하나님께 모든 통치권을 이양하는 것이다. 이때 비로소 하나님의 나라를 누릴 수 있다. 내가 가지고 있는 아주 사소한 것부터 통치권을 이양하기 시작할 때 하나님의 나라는 시작되고 누릴 수 있다. 예수님은 이 하나님 나라의 비밀을 우리에게 많은 비유로 설명을 해 주셨지만 아둔하여 그 비밀을 내 멋대로 해석하고 이해하고 살았다.

통치권을 이양하는 일은 엄청난 도전이다. 내 것이 없기 때문이다. 그렇다고 삶을 포기하라는 뜻이 아니다. 삶을 성실하게 살아 내면서 주어진 것에 최선을 다해 축복을 누리며 살되 내 것이 아니라 하나님의 것이기에 소중하게 생각해야 한다는 것이다. 주인은 반드시 있다. 언젠가는 반드시 자기의 소유를 찾으러 오신다. 그때 주님 앞에 서야 하기에 잘 관리해야 한다. 그게 청지기의 삶이다. 하나님 나라의 삶은 제자의 삶을 살려고 노력하는 것이 아니다. 하나님의 자녀의 삶을 사는 것이다.

우리는 하나님 아버지의 자녀다. 그래서 우리는 하나님 아버지로부터 통치권을 이양받았고 그 통치권을 가지고 내 안에 있는 예수 그리스도의 이름으로 이 땅을 통치하고 있는 마귀의 세력을 통치하는 삶을 사는 것이 진정한 하나님 나라를 누리는 삶이다. 보이는 것들을 통치하는 것보다 보이지 않는 마귀들을 통치해야 한다. 이 영적 싸움을 해야 하는데 우리의 거짓된 자아는 당장 눈앞에 보이는 것에 목숨을 건다. 얼마나 무지한 삶인가. 예수님은 이 통치권을 우리에게 다시 주시고자 이 땅에 직접 오셨고 십자가에서 모든 죄를 지시고 제물이 되었다. 하나님 아버지의 뜻을 이루셨다.

하나님 아버지의 뜻은 아담이 범죄하여 떠나 버린 하나님의 영을 다시 우리에게 주시는 것이었다. 그래서 예수님은 부활 후 승천하실 때 보혜사 성령님을 보내 주시겠다고 하신 것이다. 우리는 반드시 성령을 받아야 한다. 이 땅을 통치하고 있는 마귀의 세력을 우리가 통치하기 위해서는 꼭 성령을 받아야 한다. 하나님이신 예수님이 인자로 이 땅에 오셔서 사역을 하시기 전에 가장 먼저 성령 세례를 받으셨다. 그 후 광야에서 마귀들을 말씀으로 통치하셨듯이 우리도 하나님의 말씀으로 이 땅의 통치자들인 마귀들을 예수 그리스도 이름으로 명하여 통치해야 한다.

마귀는 바로 우리의 생각과 감정이다. 우리의 생각과 감정은 대부분 마귀의 것이다. 우리의 생각과 감정대로 이루어진 것은 없다. 불안, 초조, 열등, 두려움, 시기, 질투, 미움 등 대부분 내 삶의 부정적인 요소들이다. 최근 나는 57년 만에 이 하나님의 나라를 누리며 살아가고 있다. 내 통치권을 모두 하나님께 드리고 오직 내 안에서 올라오는 부정적인 생각과 감정을 예수 그리스도 이름으로 통치하는 삶을 살아가고 있다. 매일 이 도전 앞에 통치권을 사용한다. 하나님의 아들로서 당당하게 사용한다. 이 통치권을 통해 나는 마음껏 자유를 느끼며 살아간다. 왜 이제야 이것을 알게 되었을까? 말씀대로 살기 위해 발버둥을 치며 하루하루 기쁨이 없는 삶에 지쳐 매일 후회가 거듭되는 삶을 살아왔다. 이

젠 예수 그리스도 이름으로 마귀를 통치하는 삶을 살아간다. 그 기쁨을 누리며 하나님 아들의 삶을 살아간다. 능력의 이름, 예수 그리스도를 마음껏 사용한다.

3) 성령

'예수께서 세례를 받으시고 곧 물에서 올라오실새 하늘이 열리고 하나님의 성령이 비둘기 같이 내려 자기 위에 임하심을 보시더니 하늘로부터 소리가 있어 말씀하시되 이는 내 사랑하는 아들이요 내 기뻐하는 자라 하시니라' (마태복음 3:16~17)

나는 성경을 읽으면서 많은 것을 놓치고 읽었다. 그 중에서 성경 전체가 말하고자 하는 것이 무엇인가를 내 관점으로, 사람의 관점으로만 보았다. 하나님의 관점으로 성경을 바라보니 성경이 새롭게 보였다.

'뱀이 여자에게 이르되 너희가 결코 죽지 아니하리라 너희가 그것을 먹는 날에는 너희 눈이 밝아져 하나님과 같이 되어 선악을 알 줄 하나님이 아심이니라' (창세기 3:4~5)

마귀는 여자의 생각을 통치하며 말한다. "하나님이 너희가 선악을 알게 될까 봐 동산 중앙에 있는 나무의 열매를 먹지 말라고 하신 거야. 먹어도 죽지 않아. 먹어도 돼"라고 말하며 여자의 생각과 감정을 흔드는 것을 본다. 여자는 그런가 하며 죽지 않고 선악을 알게 될까 봐 먹지 말라고 하신거구나 생각하고 열매를 따서 먹고 남편에게도 주어 먹게 한다. 그러나 결과는 진짜 죽지 않았다.

'선악을 알게 하는 나무의 열매는 먹지 말라 네가 먹는 날에는 반드시 죽으리라 하시니라'(창세기 2:17)

하나님은 분명 이와 같이 말씀하셨는데 아담과 여자는 동산 중앙의 선악을 알게 하는 나무의 열매를 따서 먹어도 왜 죽지 않았을까? 아담과 하와가 선악을 알게 하는 나무의 열매를 따서 먹은 후 하나님은 아담과 하와를 죽이시기보다는 오히려 가죽 옷을 입혀 주신다. 공의와 사랑의 하나님이신 하나님은 죽임보다는 사랑을 선택하신 걸까? 나는 지금까지 이 말씀을 하나님의 사랑의 관점으로만 이해했다. 하나님의 사랑은 이토록 크시구나. 사람을 죽이시는 분이 아니구나 생각했다. 그렇다면 공의의 하나님은 어디 계신 걸까 생각해 보았다. 분명 죽어야 하는데 왜 안 죽었을까? 예수님의 족보를 이어 가기 위해서로 이해할 수도 있다. 그러나 그때 분명히 하나가 죽었다. 하나님의 공의는 살아 계신다. 남자와 여자의 영이 죽었다.

> '하나님이 자기 형상 곧 하나님의 형상대로 사람을 창조하시되 남자와 여자를 창조하시고' (창세기 1:27)

> '여호와 하나님이 땅의 흙으로 사람을 지으시고 생기를 그 코에 불어넣으시니 사람이 생령이 되니라' (창세기 2:7)

> '여호와 하나님이 아담을 부르시며 그에게 이르시되 네가 어디 있느냐' (창세기 3:9)

하나님은 영이시다. 하나님의 형상대로 사람을 만들어 하나님이 생기를 불어넣으시니 생령이 되었고 하나님과 소통하는 관계였다. 하나님과 같이 영적인 존재로 만드시고 함께 소통을 하는 존재로 만드셨다. 그러나 여자와 남자가 동산 중앙에 있는 선악을 알게 하는 나무의 열매를 먹고 하나님께 불순종함으로 반드시 죽으리라 했던 그 죽음은 죽지 않았고 하나님과 같은 영적 존재를 몸과 혼만 있는 존재로 살게 해 주셨다. 육신의 죽음이 아닌 영의 죽음이 되었던 것이고 하나님과 같은 형상은 육과 혼만 남은 것이다. 더 이상 하나님과 소통할 수 없는 존재가 된 것이다. 이 얼마나 슬픈 사건이고 마귀의 계략인가. 마귀는 사람을 통치하기 위해 생각과 감정에 거짓과 유혹을 불어넣어 하나님의 영이 사람에게서 없어지게 한 사건이다. 아담이 범죄한 후 아담의 후손들은 하나님과 소통함이 없이 마귀의 이끌림에 살아갔다.

'여호와께서 사람의 죄악이 세상에 가득함과 그의 마음으로 생각하는 모든 계획이 항상 악할 뿐임을 보시고 땅 위에 사람 지으셨음을 한탄하사 마음에 근심하시고' (창세기 6:5~6)

하나님 보시기에 얼마나 악하였으면 "사람을 지면에서 쓸어버리자"(창세기 6:7) 하셨을까. 하나님은 노아를 선택하셔서 사람을 구원해 놓았지만 노아의 후손들은 하나님과 같이 높아지자 외치며 바벨탑을 쌓아 하나님의 징계를 받아 언어의 흩어짐으로

너는 나를 믿니

흩어지게 된다. 아브라함을, 이삭을, 야곱을 선택하여 이스라엘이라는 민족을 통해 하나님 나라를 이루시고자 하였으나, 광야에서 모세를 통해서 여호수아를 통해 가나안 땅까지 인도하였지만 이스라엘 백성들은 결국 가나안 땅에 살고 있던 민족들의 우상과 풍속에 빠져 타락하였다. 하나님은 이 광경을 보시다 못해 자신이 사람의 육신을 입고 인자가 되어 이스라엘 백성에게 찾아가 구원하시고자 오신 분이 바로 예수 그리스도이시다.

예수님은 이 땅에 오셔서 많은 일을 하셨지만 대부분 하나님 나라에 대해 전하셨다. 당시 사람들은 이해할 수 없고, 이해되지 않는 하나님 나라를 전하셨다. 하나님 나라, 하나님이 통치하시는 나라, 통치권이 하나님께 있는 나라에 대해 비유로 많은 말씀을 전하셨다. 하나님이신 예수님은 '내 나라는 이런 거란다' 하고 전하였지만 이스라엘 백성들은 이해하지 못하였고 아담이 범죄하여 지은 죄에 대해 직접 죽으시기로 하신 것이다. 하나님이 아담의 죄를 감당하시고 십자가에 직접 달려 제물로 죽으셨다. 예수님은 하나님의 공의를 이루신 것이다. 하나님의 말씀은 자신이 제물이 되어서라도 반드시 이루어진다.

'오직 성령이 너희에게 임하시면 너희가 권능을 받고 예

루살렘과 온 유대와 사마리아와 땅 끝까지 이르러 내 증
인이 되리라 하시니라'(사도행전 1:8)

　예수님은 십자가에 달려 죽으시고 부활하신 후 승천하시고 우
리에게 보혜사 성령님을 보내 주셨다. 자신의 영이신 성령을 우
리에게 다시 보내 주신 것이다. 아담이 범죄함으로 소멸된 하나
님의 영을 예수 그리스도를 영접하고 믿음을 고백하면 하나님의
영이 회복되는 것이고 우린 하나님과 소통하는 존재가 된다. 바
로 기도로 소통을 하고 하나님의 통치 안으로 들어가면 온전한
소통을 하게 된다. 그래서 우리에겐 하나님의 영이신 성령이 중
요하다. 반드시 성령을 받아야 한다. 성령은 인격이다. 자신이
간구해야 한다. '성령님, 오시옵소서' 간구해야 한다.
　또한 성령 세례를 받아야 한다. 성령 세례는 체험이다. 성령 체
험을 하여야 한다. 우리가 이해하고 있는 이상한 체험을 말하는
게 아니다. 우리가 기도할 때, 찬양할 때 마음이 뜨거워지고 나도
모르는 사이에 눈물이 흐른다면 성령 체험을 한 것이다. 이런 체
험을 잊지 않고 계속 기억하면서 오늘도 성령님과 친밀한 관계
를 유지해야 한다. 그리고 우리 안에 계시는 성령님이 일하시도
록, 거짓된 나의 몸과 생각과 감정을 온전히 성령님께서 통치하

시도록 통치권을 드려야 한다. 진정한 하나님 나라의 삶을 누리며 살아가는 방법은 바로 이 통치권을 성령님께 드렸을 때 누릴 수 있다. 이 방법을 난 57세가 되어 깨달았다. 예수님은 이 하나님 나라를 알게 하시고, 하나님 나라의 삶이 어떤 것인지를 알려 주시고 보여 주셨으며, 우리가 이 하나님 나라의 삶을 살아가도록 하신 것이다.

우리는 하나님의 자녀다. 하나님 자녀의 삶은 마귀를 통치하며 사는 삶이다. 마귀의 생각과 계략에 넘어가 매일 징징대며 '하나님, 도와주세요' 하며 사는 게 아니라 우리 안에 계시는 예수 그리스도의 이름으로 마귀를 멸하고 꾸짖고 쫓아내는 삶을 살아야 한다. 마귀를 통치하는 삶이 진정한 하나님 자녀의 삶이다. 나는 소망한다. 이 땅의 하나님 자녀들이 예수 그리스도 이름으로 마귀를 통치하며 승리자의 삶을 살아가길 소망한다. 예수를 우리의 주로 영접하고, 예수를 만나고, 예수님이 전하신 하나님의 나라를 이해하고, 하나님께 우리의 모든 통치권을 내어 드리고, 진정한 자유를 누리는 하나님의 자녀가 되길 소망한다. 나를 먼저 사랑하신 고마우신 하나님 아버지! 하나님의 나라와 복음을 알게 하시고 하나님의 자녀로 삼아 주셔서 감사합니다. 하나님의 자녀로서 이 땅을 통치하고 있는 마귀를 통치하며 살아갈 수 있도록 해 주셔서 감사합니다. 이 복음을 육신의 자녀들에게 가르치고 자녀들이 이 땅을 살아갈 때 하나님의 자녀로 당당하게 살아갈 수 있도록 전하겠습니다. 나와 같이 오랜 세월을 거짓된 복음에 속아 헤매는 삶을 살지 않도록 하겠습니다. 우리 아이들이 이 땅을 살아가면서 하나님 나라를 나타내는 삶을 살아가고 예수 그리스도를 나타내는 삶을 살아가도록 잘 양육하겠습니다. 하나님이 주신 진정한 자유를 누리는 삶을 살아가도록 전하겠습니다.

지금 나와 아내는 매일 하나님 나라의 삶을 누리며 살아가고 있다. 아내가 하고 있는 사업체 쏘우(SOW)를 통해 매일 하나님의 나라를 체험하고 있다. 오늘은 우리를 위해 하나님이 하늘에서 이룬 것같이 이 땅에 무엇을 얼마나 예비해 놓으시고 이루실까 기대하는 삶을 살며 현재 우리에게 주어진 것을 통해서 오늘은 무엇을 이루실지 매일 궁금하다. 이제야 진정한 행복을 누리며 하루하루를 살아가고 있으며 진정한 하나님의 아들과 딸이 되어 살아간다. 또한, 하나님을 향한 우리의 갈망은 계속되고 있다. 이미 하늘에서 이루어 놓으신 것을 오늘 이 땅에 이루어질 것을 기대한다. 하나님은 우리에게 오늘을 위해 창세 전부터 어떤 것을 준비해 놓으셨을까? 매일 기다려진다. 흥미진진한 삶이다.

너는 나를 믿니

내게 맡겨진 아내와 아이들 그리고 하루의 일상에서 오늘을 위해 하나님이 무엇을 준비하셨는지 궁금한 삶이다. 그래서 난 순간순간이 하나님을 갈망하는 삶이다. 이 갈망은 하나님의 부르심을 받는 그날까지 계속될 것 같다.

이 갈망을 주신 하나님께 감사드립니다. 나를 너무도 사랑하시는 하나님, 나보다 나를 더 사랑하시는 나의 하나님, 감사합니다. 그리고 하나님 사랑합니다. 나를 찾아와 주셔서 정말 감사합니다. 내 삶의 모든 영광을 하나님께 올려 드립니다. 모든 영광을 받으시옵소서. 할렐루야!

2024. 10. 6

다빈 양

너는 나를 믿니

ⓒ 다빈(David) 양, 2025

초판 1쇄 발행 2025년 7월 10일

지은이   다빈(David) 양
펴낸이   이기봉
편집   좋은땅 편집팀
펴낸곳   도서출판 좋은땅
주소   서울특별시 마포구 양화로12길 26 지월드빌딩 (서교동 395-7)
전화   02)374-8616~7
팩스   02)374-8614
이메일   gworldbook@naver.com
홈페이지   www.g-world.co.kr

ISBN   979-11-388-4344-7 (03230)